T0249098

Le voy a explicar por qué usted deb
Delgado habla claro. A pesar de su a
de una manera que cualquier lector puede entender. ¡Apenas comience a leer este libro se dará cuenta! Iris se basa más en la experiencia
propia que en conceptos. Ella sabe de lo que está escribiendo porque
lo ha vivido. Sus hijos y sus nietos son ejemplos vivos de corazones que fueron perfeccionados a través del poder de la oración. ¡Iris
es una guerrera de la oración que mantiene a raya los poderes de la
oscuridad llevando de manera decidida sus peticiones ante el trono de
Dios! ¡Le aseguro que no se arrepentirá de leer y degustar esta poderosa narrativa sobre la oración!

—J. Don George
Pastor fundador, Calvary Church, Irving, Texas

Iris Delgado ha escrito muchos libros poderosos e influyentes, pero
este es realmente especial. En él ella captura el poder de los líderes
más experimentados en liberar bendición familiar sobre los hijos, desde que son muy pequeños. Esta práctica de llevar a cabo oraciones
de protección y bendición es una tradición que todo hogar cristiano
debería adoptar. Se trata de un libro esencial y necesario que lo transformará tanto a usted como a su familia para siempre.

—Apóstol Naomi Dowdy
Naomi Dowdy Ministries, Singapur

Iris ha sido mi esposa durante cuarenta y ocho maravillosos años, así
que sé de primera mano que ella es una verdadera mujer de Dios. El
Señor la usa de manera efectiva y poderosa para ministrar a mujeres y
familias a lo largo de los Estados Unidos y otros lugares. Su ejemplo
y sus oraciones han fortalecido a mi familia, creando un lazo de amor
inquebrantable entre mis hijas y mis nietos. Recomiendo encarecida-
mente a todos los padres este libro de oraciones, independientemente
de la edad que puedan tener o de la situación que estén enfrentando. No solo recomiendo que usted lea este libro, sino que también lo
ponga en práctica.

—John Delgado
Presidente, Texas University of Theology, Euless, Texas

Mi madre Iris Delgado siempre ha sido un extraordinario ejemplo de lo que es una madre de oración. Desde que era niña, hasta que me convertí en madre, he sido testigo presencial del poder que tiene la oración en cualquier circunstancia. Vivimos en una época en la que nuestros hijos reciben influencias desde todos los flancos. Las redes sociales y los celulares abrieron todo un nuevo nivel de influencia perjudicial que jamás habíamos conocido en los jóvenes. Jamás podremos acabar con el mal en su totalidad, pero podemos conectarnos con el cielo para que proteja a nuestros hijos, expuestos a tantos peligros que están más allá de nuestro control. Este nuevo libro contiene herramientas prácticas, así como consejos y oraciones, que le enseñarán cómo orar de forma efectiva. Bien sea que usted sea nuevo en la práctica de orar por sus hijos, o que ya tenga callos en sus rodillas por los años de guerra espiritual, este libro constituye una valiosa inversión para su familia y las siguientes generaciones, de manera que están bajo el manto protector del Altísimo.

—Kathy Delgado–Chatterton
Autora, Euless, Texas

ORACIONES PODEROSAS
para proteger

el de

SU
HIJO

IRIS DELGADO

CASA
CREACIÓN

Para vivir la Palabra

Para vivir la Palabra

MANTÉNGANSE ALERTA;
PERMANEZCAN FIRMES EN LA FE;
SEAN VALIENTES Y FUERTES.
—1 CORINTIOS 16:13 (NVI)

Oraciones poderosas para proteger el corazón de su hijo
por Iris Delgado
Publicado por Casa Creación
Miami, Florida
www.casacreacion.com
©2021 Derechos reservados

Library of Congress Control Number: 2019935667
ISBN: 978-1-62999-429-1
E-book ISBN: 978-1-62999-430-7

Desarrollo editorial: *Grupo Nivel Uno, Inc.*
Diseño interior: *Grupo Nivel Uno, Inc.*

Publicado originalmente en inglés bajo el título:
Powerful Prayers to Protect the Heart of Your Child
por Charisma House
600 Rinehart Road, Lake Mary, Florida 32746
Copyright © 2019 Iris Delgado
Todos los derechos reservados.

Visite la página web de la autora:
www.crownedwithpurpose.com
irisdelgadobooks.com

Nota de la editorial: Aunque el autor hizo todo lo posible por proveer teléfonos y páginas de internet correctas al momento de la publicación de este libro, ni la editorial ni el autor se responsabilizan por errores o cambios que puedan surgir luego de haberse publicado.

Impreso en Colombia

21 22 23 24 25 LBS 9 8 7 6 5 4 3 2 1

Dedico esta obra de amor y de gran importancia a mis dos hijas: Kristine y Kathy, a mis dos nietos: Daniel y Gabriel, y a todos los niños que serán los destinatarios de estas oraciones poderosas y efectivas.

Estas oraciones con destinatarios y propósitos específicos, cargadas de la Palabra de Dios, liberaron a nuestras hijas y nietos del campamento del enemigo y han generado una amistad muy íntima e inquebrantable en nuestra familia.

Estoy en la brecha con todos los padres que tomen la acertada decisión de llevar a cabo estas oraciones específicas y poderosas para sus hijos. No tengo ninguna duda de que usted también verá grandes milagros y cambios radicales en las vidas de sus seres queridos.

¡A Dios sea la gloria!

CONTENIDO

INTRODUCCIÓN

"La oración no nos prepara para realizar grandes
obras: la oración misma es esa gran obra".
—OSWALD CHAMBERS

¿SE HA FIJADO usted que esta generación está sumamente maltrecha y que muchos jóvenes avanzan sin dirección en la vida? Muchos crecen sin madre o sin padre. Es una generación de hijos con corazones huérfanos que anda buscando significado y aceptación en los lugares equivocados. Sin embargo, creo que estamos en medio de un gran avivamiento en el que veremos a muchos de nuestros jóvenes e hijos extraviados regresar a los pies del Señor.

Considero que la tarea de escribir este libro es incluso más crucial y necesaria que todos los demás libros que Dios me dio el privilegio de escribir. Es muy importante que decidamos influir en las vidas de nuestros hijos y nietos por generaciones, cubriéndolos con oraciones poderosas y dinámicas que protejan sus vidas.

La institución del hogar se encuentra actualmente en crisis, enfrentando problemas muy graves con los hijos. Tenemos a una generación que está embelesada ante la magia de las nuevas tecnologías y las redes sociales, las cuales absorben y cautivan toda su atención y sus sentidos. Estamos presenciando también grandes cambios sociales que están dejando una profunda huella en esta generación, ocasionando muchos problemas familiares, así como dificultades en los estudios de nuestros hijos. Lamentablemente, hay un incremento alarmante en las cifras de suicidios, no solo entre los adultos, sino también entre nuestros niños y jóvenes.

Según expertos y consejeros, en apenas quince años comenzaremos a ver una generación con graves problemas de memoria, dificultades para procesar las ideas, una ortografía deficiente, déficit de atención y adicción digital. Será igualmente conocida como la generación que prefiere arriesgarse antes de tomar decisiones calculadas y bien pensadas.

POR QUÉ ES IMPORTANTE ESTE LIBRO

¿Por qué estoy tan segura de que las oraciones como las que incluyo en este libro protegerán, redimirán y salvarán a sus hijos de las artimañas del enemigo? Tengo esta convicción en mi corazón porque, a pesar de que de niña experimenté humillaciones, rechazo y abuso, tuve la gran bendición de tener una madre y una abuela que pronunciaron oraciones poderosas y explosivas, así como declaraciones de fe que se elevaron al cielo como un tornado. Gracias a sus oraciones hoy puedo escribir este libro, y no estoy inmersa en una vida desdichada y sin esperanza.

La sencillez de estas poderosas oraciones y declaraciones de fe le ayudarán a poner en práctica una dinámica espiritual que sobrepasará su entendimiento, llegando a la raíz de cualquier situación adversa. La oración es el medio mediante el cual nos conectamos espiritualmente con nuestro Padre celestial, el Creador del cielo y de la tierra. La oración es la gasolina que enciende el motor y lo lleva a su destino. Una oración poderosa sazonada con la palabra de Dios, realizada por un hombre o una mujer que cree en Dios, es efectiva para proteger las vidas y almas de nuestros seres amados y para derrumbar baluartes, así como todo emprendimiento diabólico.

Me tomó muchos años, desde que mis hijas eran muy jóvenes, escribir y redactar en mi diario muchos de estos pasajes, declaraciones y lecciones relacionadas con la oración efectiva y poderosa. También he tenido el honor y el privilegio de compartir estas oraciones y enseñanzas con madres y padres en diferentes iglesias y conferencias alrededor del mundo, y he recibido muchos mensajes y correos electrónicos en los que me cuentan los resultados positivos en las vidas de muchas familias y sus hijos.

Mis hijas y mis nietos son la alegría y la corona de mi vida. Estas oraciones poderosas han formado parte de su crecimiento espiritual y han servido también como un escudo protector y un manto espiritual de los ataques demoníacos en su día a día. Ningún arma que se blanda delante de ellos prosperará y más bien tendrá un efecto adverso. Creo firmemente en lo que Dios ha prometido en su palabra y continuaré depositando oraciones poderosas en sus vidas diariamente, independientemente de la edad que alcancen.

Ninguna otra práctica puede ser más poderosa que una oración ferviente para rescatar a los hijos de las garras del enemigo. Ninguna ansiedad, preocupación, lágrima o desesperación, e incluso consejo, puede tener el efecto que una oración poderosa salida de los labios de una madre o un padre logra al derribar fortalezas espirituales y liberar a un hijo o hija de la oscuridad, la corrupción y la condenación eterna.

Este libro está dividido en dos partes, la primera le preparará a usted como padre o madre. Contiene enseñanzas y oraciones que le ayudarán a entender que nos encontramos en una batalla espiritual y le enseñará cuáles son las armas espirituales con las que cuenta. Le ayudará a preparar su mente y su corazón antes de orar, a fin de que sus oraciones resulten lo más efectivas posible.

La segunda parte contiene oraciones y declaraciones que usted puede comenzar a poner en práctica sobre sus hijos, sea cual sea su edad o la situación en la que se encuentren. Decida hoy leer este libro, aceptando así la oportunidad de incorporar estas oraciones y declaraciones en su rutina diaria. ¡Una declaración u oración cargada de la Palabra de Dios es un salvavidas espiritual que puede salvar a sus hijos!

Mi recomendación encarecida es que usted convierta en un hábito practicar algunas de estas oraciones diariamente. Las oraciones que se incluyen en este libro, son ejemplos basados en mi experiencia orando por mis hijos y nietos, de cómo podría usted orar. Creo que a medida que su vida de oración se desarrolla, el

Señor le irá revelando citas adicionales para declarar sobre sus hijos, así como oraciones para cada edad y situación en la que se encuentren en la vida. Por esto es que, al final de cada capítulo, proveo espacio adicional para que usted pueda anotar sus propias citas y oraciones para sus hijos, según la dirección del Espíritu Santo.

Subraye y marque las oraciones que más necesite, y lleve este libro dondequiera que vaya. ¡Y ore con autoridad! Sus oraciones serán semillas plantadas en el corazón de sus hijos y nietos, independientemente de su edad. Aunque pueda tomarse un tiempo, espere ver resultados y cosechar buenos frutos. ¡La Palabra de Dios está viva, activa y llena de poder! Es la fuerza más grande contra el reino de las tinieblas. ¡Sus hijos pertenecen a Dios, no al diablo! ¡Ore por ellos de manera efectiva y poderosa!

ORACIÓN POR PODER Y PERSEVERANCIA

He orado por todos los que lean este libro. Mientras escribo esta introducción, me siento inspirada a incluir mi oración, de manera que usted no dude o se desanime en su empeño de orar fielmente por sus hijos a lo largo de sus vidas.

Querido Padre celestial, elevo en oración a cada persona que decida entrar en este viaje de orar activamente por sus hijos y sus seres amados. Dales la fortaleza y la tenacidad de permanecer comprometidos y fieles en esta tarea tan importante y necesaria.

Abre sus ojos espirituales para que entiendan la batalla que tienen por delante por el dominio de los corazones de sus hijos y sus familias. Actívalos con valor y audacia para defender su territorio y aferrarse a las promesas que tú tienes preparadas para ellos.

Libera en oración esta unción especial sobre ellos, de manera que ellos también puedan declarar tu Palabra, así como poderosas oraciones sobre sus seres amados. "Porque las armas de nuestra milicia no son carnales, sino poderosas en Dios para la destrucción de fortalezas" (2 Co. 10:4). En el nombre de Jesús, amén.

Puede realizar esta oración además de la mía para pedir por usted en el comienzo de este recorrido:

Gracias, Padre, por tu gran amor, protección y provisión. Gracias por salvarnos de todas las estrategias del mal y los planes del enemigo. Confío en tu cuidado al prepararme para orar por mis hijos. En el nombre de Jesús, amén.

¡LOS MILAGROS ESTÁN EN USTED!

Para cerrar esta introducción, quiero desafiarle a declarar la Palabra. La Palabra produce milagros y logra lo que parece imposible. ¡Es hora de actuar! La pasividad no es una opción. Como explicaré en los primeros capítulos de este libro, usted se encuentra en una guerra espiritual por las almas de su familia, especialmente las de sus hijos.

La buena noticia es que Dios es santo y fiel a su Palabra. No tema declarar con poder las palabras de las Escrituras, extinguiendo todo temor. Lleve todo pensamiento cautivo a la obediencia al Señor Jesucristo.

¿Comenzamos? En el nombre de Jesús, derribe las mentiras del enemigo y declare: "¡Mi familia pertenece al Reino de Dios!".

PARTE I
PREPÁRESE

"Lo que sale de la boca, del corazón sale".
—MATEO 15:18

Capítulo 1

ANTES DE COMENZAR

"Y esta es la confianza que tenemos en Él, que si pedimos
alguna cosa conforme a su voluntad, Él nos oye. Y si sabemos
que Él nos oye en cualquiera cosa que pidamos, sabemos
que tenemos las peticiones que le hayamos hecho".
—1 JUAN 5:14–15

SUS ORACIONES SON una herramienta poderosa que protegerán y transformarán el corazón de sus hijos a lo largo de sus vidas. Cuando realice las oraciones y declaraciones de fe incluidas en este libro, crea en su corazón que Dios le está escuchando y que la Palabra de Dios jamás regresará vacía. Hacerlo, tendrá un efecto significativo en el ámbito espiritual, así como en el mundo físico.

Algunos de ustedes orarán por sus bebés o por sus niños pequeños; otros, por sus hijos adolescentes; y otros por sus hijos ya mayores. Quizá sus hijos están casados y a su vez tienen hijos (también puede orar por sus yernos o nueras). Su hijo puede ser criado o adoptado. Algunos orarán por sus nietos, por sus parientes, o por algún niño o niña que cuide.

Es posible que sus oraciones tengan como objetivo un hijo que se ha apartado de los caminos del Señor, y que vaga sin rumbo por el mundo con los amigos equivocados. Tal vez su situación familiar es complicada, desafiante e incluso frustrante. Cuando hay crisis y caos en el hogar podemos inferir que Satanás, el enemigo de las almas, está trabajando a tiempo completo para destruir a la familia. Donde reina el caos y la confusión, hay espíritus malignos en plena labor. Mi consejo es que se someta a Dios en arrepentimiento y pida su ayuda. Él es mucho más grande que el enemigo, y tiene el poder y la capacidad de sanar y restaurar vidas. Es mi deseo que las oraciones, enseñanzas y consejos incluidos en este libro sean como un bálsamo divino que renueve su fe y esperanza.

ORACIONES PODEROSAS

Es de vital importancia entender que estas oraciones representan ejemplos de cómo orar basándose en la Palabra de Dios, la cual está viva y activa. No hay nada de malo en repetirlas según las he redactado. De hecho, le animo a mantener este libro con usted en todo momento, de manera que pueda usarlo según lo necesite. Ahora, esto no significa que usted no pueda usar sus propias palabras, según el Espíritu Santo le vaya guiando. De cualquier manera, es importante que no permita que sus pensamientos se distraigan mientras ora por sus hijos. Aprenda a concentrar su mente y su corazón, con la certeza de que cada palabra que sale de su boca es como una espada afilada que destruye los planes que el enemigo tiene contra sus hijos, sus nietos y su familia.

Ore de manera ferviente y apasionada, de manera que pueda invadir y destruir la oscuridad en la vida de sus seres amados. Pida sabiduría para tomar las decisiones correctas. Pida que Dios ensanche su tienda (su esfera de influencia y todo lo que le rodea). Pida que se rompa la atadura de la pobreza. Pida que pueda liberarse de maldiciones y de conexiones familiares negativas. ¡Sus oraciones poderosas romperán yugos (malos hábitos, opresión, enfermedades, ataques mentales demoníacos, depresiones, cargas, ataduras, represión, adicciones y toda obra del enemigo)!

DECLARACIONES DE FE

Además de los ejemplos de oraciones, he incluido una buena cantidad de declaraciones poderosas también basadas en las Escrituras.

Podría decirse que esta es otra manera de orar por sus hijos y de usar la Palabra de Dios, que es la espada del Espíritu, para pelear la batalla espiritual contra el enemigo.

Declare y profetice (predecir algo bajo la autoridad divina) frases poderosas con base bíblica, como las que he incluido en este libro. El Espíritu Santo seguramente le revelará otros pasajes que puede declarar en voz alta en caso de una situación o necesidad específica. Repítalas de manera firme por sus hijos o sus seres amados.

ÁRMESE PARA LA BATALLA ESPIRITUAL

Es crucial tener claro el hecho de que nos encontramos en una guerra espiritual. La fe verdadera en el corazón del creyente tiene la capacidad de transformar las circunstancias y convertirlas en el resultado esperado.

Pero, aunque vivimos en el mundo, la guerra que llevamos a cabo no es como la guerra que el mundo conoce. Las armas que usamos no son las mismas armas del mundo. Por el contrario, son armas que tienen el poder divino de derribar fortalezas (ver 2 Co. 10:3–4). La fe que usted tenga en la Palabra de Dios y sus oraciones apasionadas serán la clave para vencer los ataques del enemigo contra usted y su familia.

Sería muy insensato emprender una batalla sin ninguna clase de arma, y lo mismo ocurre en lo que respecta a la guerra espiritual. Como padre o madre, usted debe someterse continuamente a Dios y resistir todo el tiempo al enemigo. Santiago 4:7 es claro: «Someteos, pues, a Dios; resistid al diablo, y huirá de vosotros».

Cuando los padres se someten verdaderamente a Dios y resisten al enemigo, ¡este huye! Sí, al diablo no le queda otra opción que la de huir de unos padres cristianos que están completamente sometidos al Dios todopoderoso. ¡Esto es la guerra espiritual!

Aprenda a usar y depender de las siguientes armas para la guerra espiritual. En el capítulo 1 de mi libro *Satanás, ¡mis hijos no son tuyos!*, llamado: «La guerra espiritual para salvar a nuestros hijos», encontrará valiosos consejos sobre esta guerra espiritual en la que estamos involucrados y sobre cómo resistir al diablo por medio de las armas que Dios nos proveyó. Dios nos garantiza la victoria:

En el nombre de Jesús. Realice todas sus oraciones en el nombre de Jesús (Ef. 5:20; Flp. 2:10).

En el poder de la sangre de Jesús. Como creyente, usted puede vencer los ataques de Satanás sobre usted y sus hijos, a través de la sangre del Cordero (Jesucristo) y por la palabra de su testimonio (Ap. 12:11). Cada vez que usted declara la Palabra de Dios en la fe, usted está testificando. La sangre de Jesús también tiene el poder de limpiarle de todos sus pecados (1 Juan 1:7). El pecado siempre ha separado al hombre de Dios, pero el pacto de sangre le dio al hombre una forma de salir de la condena eterna a la que estaba destinado. Hay poder en la sangre de Jesucristo, y usted debe aprender a orar de manera específica (incluyendo nombres), de esta manera: "Aplico la sangre de Jesucristo sobre mis hijos, mi cónyuge, mi hogar y mis pensamientos. Gracias, Padre celestial por limpiarnos de todo pecado y redimirnos de las manos del enemigo. En el nombre de Jesús, amén".

En el poder del Espíritu Santo. Dependa completamente de su ayuda, sus enseñanzas y su amistad. No tema orar en el lenguaje del Espíritu Santo cada día (Judas 20). Orar en lenguas es muy efectivo y poderoso. Él será el mejor amigo personal que usted pudiera tener. Aprenda a no ignorarlo comunicándose con Él cada día. Él también le ayudará a orar cuando usted no sepa qué decir (Ro. 8:26–27).

La Biblia también afirma: "Recibiréis poder (la capacidad, la eficiencia y la fuerza), cuando haya venido sobre vosotros el Espíritu Santo" (Hch. 1:8). Él está siempre esperando a ayudarnos y guiarnos. Estos son algunos de los atributos del Espíritu Santo:

- Es Maestro (Lc. 12:12; 1 Jn. 2:27)
- Es Ayudador (Jn. 15:26)
- Es Guía (Jn. 16:13)

- Es Consolador (Jn. 14:26; 15:26)
- Es Consejero (Jn. 14:26; 15:26)
- Es Intercesor (Jn. 14:26: 15:26)
- Es Abogado (Jn. 14:26; 15:26)
- Es Defensor (Jn. 14:26; 15:26)
- Es Compañero (Jn. 14:26; 15:26)

En el poder de la alabanza y la adoración. Alabe y adore con himnos, cantos, salmos y oraciones de agradecimiento. Puede verbalizar y expresar sus alabanzas cantando, alzando sus manos, aplaudiendo, y adorando a Dios por lo que es y en su nombre (Sal. 47:1; 63:4). La adoración se demuestra a través de nuestras oraciones y nuestra reverencia, rindiendo todo nuestro ser, y expresando nuestra adoración y agradecimiento a nuestro Creador y Dios todopoderoso. Esta clase de oración es más importante y efectiva que todas las demás oraciones que podemos hacer. El enemigo odia la adoración y la alabanza. Siéntase libre de relajarse delante de Dios mientras adora "al Padre en espíritu y en verdad" (Jn. 4:23–24).

Mediante la oración efectiva. No memorice oraciones (incluyendo las que se incluyen en este libro) u ore solo para pedir por sus necesidades. La oración efectiva es dinámica, original y específica, y está sujeta a la Palabra de Dios. Aprenda a mantener su mente limpia renunciando a todo pecado y buscando el perdón divino. Sus oraciones efectivas por perdón y limpieza liberarán sanidad y transformación y crearán en usted "un corazón limpio" (Sal. 51:10). Aprenda a orar fervientemente, agradeciendo siempre a Dios por las respuestas a sus peticiones, así como por la sabiduría y el entendimiento para orar bajo la dirección del Espíritu Santo (Jn. 16:13; Stg. 5:16).

Mediante la Palabra de Dios. Declare porciones de la Palabra, como el Salmo 91 y las promesas de Dios. La Palabra de Dios está viva y activa, y es poderosa y bendice al creyente que la obedece (Heb. 4:12; 11:28; Sal. 107:20). Aparte tiempo cada día para meditar en alguna porción de la Palabra, pidiendo al Espíritu Santo que le ayude a entenderla (Jos. 1:8).

Mediante la oración de común acuerdo. Una oración muy efectiva es la que realizamos de común acuerdo con otro creyente, unidos en mente y fe. Busque alguien con quien orar en su iglesia o grupo de oración que acuerde orar con usted sobre su necesidad específica y que crea que Dios responderá su petición (Mt. 18:19). No tema orar de manera directa y específica. Si siente preocupación por la salvación o la salud de su hijo o hija, crea que Dios le responderá y traerá restauración, independientemente del tiempo que pueda tardarse.

Al tomar las armas para emprender la batalla espiritual, declare y crea las siguientes declaraciones poderosas de fe:

En el nombre de Jesús, resisto al enemigo y él huirá de mí. Me entrego al control de Jesucristo como mi Señor y Salvador (Stg. 4:7).

Declaro mi unión como heredero de Dios por medio de Cristo Jesús (Gl. 4:7).

En el nombre de Jesús, ato todas las obras del enemigo y le prohíbo que interfiera en mi vida y mi familia (Mt. 18:18).

Reclamo la sangre de Jesús sobre mi familia y declaro que Dios me dio autoridad sobre todo el poder del enemigo y nada dañará a mi familia ni a mí (Lc. 9:1; 10:19).

En el nombre de Jesús, llevo cautivo todo pensamiento a la obediencia de Cristo. La emprendo contra todas las mentiras del enemigo, y me fijo en todo lo que es puro, hermoso y digno de elogio (2 Co. 10:5; Flp. 4:8).

Mis labios alabarán y adorarán al Dios todopoderoso porque Él es fiel (Sal. 89:8).

LA AYUDA DEL ESPÍRITU SANTO

Como mencioné en la lista de las armas para la guerra espiritual, usted debe depender de la ayuda del Espíritu Santo al orar. Debe aprender a hablar con él y pedirle su dirección. Pídale que abra las puertas correctas y que cierre las incorrectas. Pídale que le enseñe a orar de manera correcta y audaz.

> *"Porque el Espíritu Santo os enseñará en la misma hora lo que debáis decir".*
>
> —LUCAS 12:12

> *"¿O ignoráis que vuestro cuerpo es templo del Espíritu Santo, el cual está en vosotros, el cual tenéis de Dios, y que no sois vuestros?".*
>
> —1 CORINTIOS 6:19

> *"Pero vosotros, amados, edificándoos sobre vuestra santísima fe, orando en el Espíritu Santo".*
>
> —JUDAS 1:20

¿A quién buscamos cuando tenemos necesidades en la vida? Buscamos a Dios, nuestro Padre, porque Él es el dador de todos los dones buenos y perfectos. La fuente es Él. Pero el dador de esa fuente es Cristo, y el poder de la fuente es el Espíritu Santo.

El Espíritu Santo es su ayudante. Él es su asistente, y le ayudará a recibir todo lo relacionado con la vida y la santidad, así como todo lo que Dios ya le ha proporcionado.

> *"Y yo rogaré al Padre, y os dará otro Consolador, para que esté con vosotros para siempre: el Espíritu de verdad, al cual el mundo no puede recibir, porque no le ve, ni le conoce; pero vosotros le conocéis, porque mora con vosotros, y estará en vosotros".*
>
> —JUAN 14:16–17

Esta oración le ayudará a pedir la ayuda del Espíritu Santo al comenzar este recorrido de oración por los corazones de sus hijos:

Querido Señor, al orar por mis hijos, te pido que tu Espíritu Santo obre en sus corazones y les enseñe a conectarse contigo en todas sus decisiones. Señor, mis hijos necesitan tener un encuentro personal contigo para que sus vidas puedan ser transformadas y puedan a su vez tocar a otros con tu amor y tu presencia.

Espíritu Santo, ayúdalos a que te conozcan personalmente para que siempre acudan a ti en busca de ayuda, conocimientos y amistad. Haz que te conozcan como su Guía, Maestro, Amigo, Consolador y Defensor. En el nombre del Padre, del Hijo y del Espíritu Santo, ¡amén!

Puntos clave para recordar

Los siguientes son algunos puntos clave que debe tener presentes al orar por sus hijos o sus seres amados. Los siguientes consejos están basados en lo que he aprendido durante todos los años que llevo orando por mis propios hijos y nietos, y me parece que son muy importantes que usted los tenga presente.

1. No limite a Dios.

No meta a Dios en una caja. No le pida cosas pequeñas. Aférrese a todas sus promesas. Nada es imposible para Él. Nunca subestime a Dios ni todas las preciosas promesas dadas a sus hijos.

2. Obedezca la Palabra de Dios.

El Espíritu Santo está siempre observándole y escuchándole atentamente para ver cómo puede ayudarlo y responder a sus necesidades. Pero Él solo se motiva y actúa por la Palabra de Dios y su obediencia. En el momento en que usted declara la Palabra de Dios, mientras camina en obediencia, el Espíritu Santo actúa sobre su Palabra para cumplirla.

3. No permanezca pasivo.

Llene su corazón de cosas buenas y de su boca saldrán cosas buenas, buenas palabras, buenos consejos y buenas ideas. Lo que usted ponga en él, eso saldrá. Lea la Biblia todos los días y pida al Espíritu Santo que le ayude a comprenderla.

4. Lo que siembre, cosechará.

¡Nunca disfrutará de abundancia a menos que permanezca sembrando todo el tiempo! Cuanto más dé, más tendrá. Si tiene poco, debe revisar sus hábitos como dador. Siembre en buen terreno. Dé a los pobres, a las misiones, a los necesitados. Lleve el diezmo al alfolí (donde se alimenta espiritualmente). Comience con lo poco que pueda tener y vaya aumentándolo. La ley de sembrar y cosechar es una ley espiritual y, al igual que la ley de la gravedad, no hay nada que la detenga una vez que se pone en movimiento.

5. Deje de hacerse la víctima.

Si alguien le ha hecho daño y aún siente dolor, resentimiento y vergüenza, es hora de ponerle fin. Mientras insista en recordar todos los sentimientos causados por el abuso, las ofensas, el divorcio, el trauma, las palabras negativas, el abandono, el maltrato paterno, etcétera, nunca sentirá paz y ni alcanzará la victoria en su vida. Debe soltar todo eso que es como un cáncer que le devora por dentro. Hablaré un poco más de esto en el próximo capítulo.

6. Perdone a la persona o personas que le hagan daño.

Libérese y rompa la maldición de la esclavitud en su vida. ¡Ponga en acción las bendiciones de Dios! ¡Hágalo hoy mismo! Yo estaba en esa situación hace años, pero ahora soy libre. Se necesitó simplemente de una decisión específica de mi parte. Una vez que dije: "Te perdono, papá", quedé liberada. Las cadenas se desvanecieron. Yo entiendo perfectamente su dolor, pero si usted quiere avanzar, debe dejar de sentir lástima por su persona y superarlo. Lo mejor de su vida está por venir. Sus hijos y los hijos de sus hijos heredarán su libertad y las promesas de Dios y no las maldiciones del abuso y la carencia. En el siguiente capítulo explicaré más sobre esto y le proporcionaré oraciones poderosas para ayudarle a perdonar.

7. Ore con intención y no de forma pasiva o ritual.

La oración es una práctica común entre la mayoría de los cristianos. Sin embargo, es fácil caer en el hábito de recitar las mismas oraciones rápidas todo el tiempo, en lugar de oraciones vivas, específicas y enfocadas; capaces de derribar fortalezas en nuestra vida y en la vida de sus hijos o de la persona por la que estamos orando. Muchas veces, nuestras oraciones parecen una lista de tareas pendientes como las que hacemos cuando hay que ir al supermercado u otras diligencias. Para evitar esto, tenemos que entender lo que estamos diciendo en la oración. Empecemos con algunas preguntas. Te he dejado espacio para que usted pueda escribir sus respuestas.

¿Son efectivas mis oraciones?

_____

_____

_____

¿Está Dios respondiendo mis oraciones, o parece que Él no me escucha?

_____

_____

_____

¿Por quién estoy orando? ¿Estoy concentrando mis peticiones en mí?

_____

_____

_____

¿Qué le pido al Señor que haga?

_____

_____

_____

¿He estudiado atentamente la Palabra en busca de sabiduría, o simplemente deseo que Dios intervenga en mis planes y problemas?

_____

_____

_____

¿Oro solo durante las emergencias?

_____

_____

_____

A la mayoría nos cuesta entrar en la presencia de Dios y rendirnos hasta que Dios toca nuestro corazón con nuevas expectativas y esperanza. Es importante que aprendamos a llenar nuestro corazón con textos bíblicos que nos sostengan y nos ayuden a orar poderosamente.

Nuestra vida será más efectiva como individuos, padres y cónyuges si nuestras peticiones están sintonizadas con la voluntad y la Palabra de Dios y creemos en la fe que Él hará lo que Él dice que hará (Mr. 11:24). Solo así, podremos orar con certeza y confianza, seguros de que Él nos escucha y responderá nuestras peticiones.

ESCRIBA SU ORACIÓN

Use este espacio para escribir los nombres de las personas por las que orará y cualquier oración o versículo de las Escrituras que el Señor coloque en su mente cuando se prepare para orar.

_____

_____

_____

_____

_____

_____

_____

_____

_____

_____

_____

_____

_____

_____

Capítulo 2

PREPARE SU CORAZÓN PARA ORAR

"La oración eficaz del justo puede mucho".
—JAMES 5:16

COMO YA SE habrá dado cuenta, este libro proporciona ejemplos de oraciones poderosas y de declaraciones de fe que tendrán un efecto extraordinario tanto en su corazón como en el corazón de su hijo. Independientemente de cuál sea la situación o necesidad específica de colocarse en la brecha por sus hijos, Dios permanece atento a sus oraciones, las cuales tienen la capacidad de cargar lo que la Palabra de Dios declara. Las promesas de Dios son para todos sus hijos, así que debemos orar de manera animosa y ferviente.

Antes de que comience a orar por otros, es importante que examine su propio corazón y se asegure de que está bien con Dios. Fíjese si hay vestigios de miedo, frustración, falta de perdón, angustia o condenación por circunstancias actuales o pasadas en su familia. Pídale que le perdone todos sus pecados y ofensas, así como todo aquello que usted sabe que no le agrada. Perdone a todos los que le han herido o le han ofendido, y pídale al Espíritu Santo que le ayude a vencer las ofensas y el abuso.

Yo recuerdo estar atrapada en mi propia celda de odio e indisposición a perdonar. Odiaba tanto a mi padre, que le deseaba todos los días la muerte. Luego del abuso infantil que experimenté, imaginaba todos los días que él moría en un accidente de tránsito. Perdonarlo no estaba entre las opciones. Unos años después de que me casé, recibí un entrenamiento valiosísimo sobre la sanidad y transformación del alma. Aprendí que el odio es una fortaleza que me mantendría aprisionada mientras yo se lo permitiera. Aprendí también que si permitía que Dios sanara mi alma, tendría la capacidad de perdonar a mi padre. Entendí que estaba prisionera y quise liberarme. Cuando finalmente rendí mi vida y mis cargas a Dios, y oré a Dios pidiéndole que perdonara a mi padre y que me perdonara a mí también por odiarlo, experimenté una profunda liberación y una sensación de bienestar. ¡Salí de la prisión! Desde ese momento me sentí diferente. La transformación sanó mis emociones y abrió puertas de bendición, no solo para mí sino para mi familia.

Este paso es fundamental. En esto no se puede dejar llevar por los sentimientos. Si necesita ayuda, esta oración puede guiarle en cuanto a lo puede decir con todo su corazón:

Amado Jesús, traigo delante de ti a [nombre de la persona que usted necesita perdonar]. Esta persona me ofendió y me hirió, y confieso los sentimientos negativos que tengo contra ella.

Mi corazón está listo para perdonar todo el daño que me hizo, así que en este momento la perdono por el dolor y el odio que me ocasionó. La libero y la rindo delante de ti. Gracias, Señor, por esta liberación. Ayúdame a vivir sin resentimiento ni rencor. Lléname de tu gozo y de tu amor. En el nombre de Jesús, ¡amén!

Continúe con las siguientes palabras:

Ato toda ansiedad, preocupación, estrés, duda, incredulidad, impaciencia y temor. Libero el amor, la paz, la fortaleza, la sabiduría, el conocimiento y el discernimiento de Dios en mi vida. Declaro que tengo una mente sana y que mi cuerpo es el templo del Espíritu Santo.

Adéntrese seguidamente en la presencia de Dios con un corazón agradecido. Agradézcale por todas sus bendiciones. Guíese por el siguiente ejemplo:

Querido Dios, te pertenezco. Gracias, Padre, por este privilegio. Declaro que eres el único y verdadero Dios vivo. Hoy rindo reverencia a ti y reconozco que sin ti no puedo sobrevivir. Te necesito.

Creo que el poder que levantó a Cristo de los muertos vive en mí y me liberó de las tinieblas, del pecado, de la iniquidad, de la muerte y de toda enfermedad. Declaro que la sangre de Jesús me limpia y me protege. Aplico la sangre de Jesús a mis pensamientos, mi corazón, mi cuerpo y mi familia al prepararme para orar por mis seres amados.

Ayúdame, Espíritu Santo, a orar decididamente y sin miedo. Te reconozco como mi Guía y Ayudador espiritual. Gracias por llenar mi corazón y mi mente con estas oraciones poderosas y por ayudarme a entender las tácticas del enemigo y cómo alcanzar la victoria en esta guerra espiritual.

Concluya la oración abandonando todas sus cargas y preparando su corazón para realizar oraciones y declaraciones poderosas por la salvación, salud y bienestar de sus hijos.

Padre amado, me someto a ti en este momento, creyendo en la verdad de tu Palabra y en la autoridad que tenemos sobre el poder del enemigo (Lc. 10:19). Expulso todo miedo y toda condenación.

Escojo siempre la gratitud, descansar en ti, soltar las preocupaciones que tengo sobre mis hijos, confiar en ti y soltar todas mis cargas. Entiendo que vivir en duda puede parar el fluir de tus bendiciones. Tu Palabra declara en Proverbios 15:8 que tú te gozas en las oraciones de los justos.

Padre, me rindo a ti, y te pido que me perdones de todos mis pecados y ofensas. Ayúdame a servirte con todo mi corazón y a ser un ejemplo de tu amor y bondad en mi hogar. Gracias,

Espíritu Santo, por dirigir mis oraciones y ayudarme a identificar las artimañas del enemigo. En el nombre de Jesús, amén.

NO OLVIDE SUS EMOCIONES

Como madre cristiana, usted tiene que vivir una vida que represente a Dios. Su carácter tiene que ser fuerte y estar consolidado en Cristo si quiere ser un ejemplo dinámico del amor de Dios para sus hijos. Si usted acaba de orar para perdonar a alguien, tiene que actuar en consonancia con sus emociones. No se trata de un proceso fácil, pero, bien sea que su corazón esté sanando o no durante el proceso de perdón, usted debe tratar de mantener sus sentimientos bajo control.

Recuerdo cuando yo permitía que mis circunstancias controlaran mis emociones. Me la pasaba deprimida y era una mujer desdichada. Afortunadamente, comprendí que Dios nos creó con la capacidad de cambiar. Podemos controlarnos con la ayuda del Espíritu Santo y la limpieza de la Palabra de Dios. ¡Créalo, porque así es!

Lo primero que debemos hacer es dejar de poner excusas. ¿Qué es una excusa? Es un pretexto, una disculpa; es justificarse, claudicar, estar a la defensiva; es rendirse, retroceder o alejarse. El poder de Dios en nosotros nos permite dejar de poner excusas por nuestro mal comportamiento o malas decisiones y ejercer dominio propio.

Como hijos del Reino de Dios, tenemos capacidad, sabiduría y entendimiento. Estamos en el ejército del Dios todopoderoso. Estamos respaldados. Tenemos una guía y un guardaespaldas. Nos inscribimos automáticamente en la universidad del reino de Dios y el discipulado es nuestro curso de formación permanente.

Tenemos que aprender a ser fieles en asistir al discipulado del Reino todos los días. No podemos estar ausentes o esgrimir excusas. El Espíritu Santo es el maestro que siempre está esperando que lleguemos a clase. Cuando oramos y abrimos la Biblia, inmediatamente comienza la clase.

Dios está listo para poner su Palabra en acción tanto en su vida como en su hogar. "Y me dijo Jehová: Bien has visto; porque yo apresuro mi palabra para ponerla por obra" (Jer. 1:12). Es importante que aprenda a depender y descansar en su Espíritu y su poder para hacer lo que es necesario. Es la única forma en que podrá manejar sus emociones y decisiones.

No olvide que estamos en una guerra espiritual. El enemigo, Satanás, carga contra los hijos de Dios de muchas maneras, pero los que ganan la guerra son los que están firmes en Cristo Jesús.

Filipenses 1:28 nos dice que no debemos temer a nuestros enemigos. Dice que si somos valientes, los veremos destruidos y seremos salvos porque Dios nos dará la victoria. Nos dice también que Dios y el diablo nos miran. Cuando hay una situación difícil, tenemos que elegir cómo actuar. O nos quedamos en paz, o permitimos que nuestras emociones tomen el control de nosotros. Aquí es donde se demuestra nuestro nivel de confianza y de fe en Dios.

No importa cuánto digamos que confiamos en Dios: si siempre estamos deprimidos, a la defensiva y negativos, nuestra confianza no está en Dios. Dios quiere que aprendamos a confiar y depender de Él a través de las buenas y malas experiencias.

Ser cristiano no significa que nunca tendremos problemas; significa que cuando llegan los desafíos y el temor, Dios nos da la potestad de atravesar el fuego y las tormentas y salir por el otro lado sin siquiera oler a humo (Dn. 3:27).

> *"Y Moisés dijo al pueblo: No temáis; estad firmes, y ved la salvación que Jehová hará hoy con vosotros; porque los egipcios que hoy habéis visto, nunca más para siempre los veréis. Jehová peleará por vosotros, y vosotros estaréis tranquilos"*
> —Éxodo 14:13–14

Recuerde que Dios siempre está de su lado y pelea por usted. Cuando Él permita situaciones difíciles en su vida, confíe en que Él está en control y que a la final usted verá su gloria brillar sobre su familia.

Declaraciones de fe

Antes de concluir este capítulo, quiero dejarle algunas declaraciones de fe que ayudarán a preparar su corazón para que ore por sus hijos. Al declarar estos pasajes, ¡decrete que su petición se cumpla en el nombre de Jesús!

A pesar de que mi propio cuerpo está siendo atacado por una enfermedad incurable, yo me mantengo firme cada día declarando esta Palabra, y puedo ver la mano poderosa de Dios sostenerme. Sigo avanzando y actuando, sin que nada me impida alcanzar mis metas. ¡Aférrese de estas promesas! ¡Crea en Dios y en su Palabra!

Padre amado, hoy pongo en acción tus promesas de pacto. Declaro que ninguna arma blandida contra mi familia o contra mí prosperará (Is. 54:17).

Ningún mal, enfermedad, accidente, interrupción, carencia, pobreza, robo, miedo, muerte súbita, pestilencia, ataque mental, mentira, tentación o deseo insaciable (antojo, ansia inaceptable, deseo adictivo) se acercará a mi morada (cuerpo), o afectará mi vida o la de mis seres queridos. Ezequiel 37:27, dice: "Habitaré entre ellos, y yo seré su Dios y ellos serán mi pueblo" (NVI) (vea también el Salmo 91 e Isaías 32:18).

Soy la justicia de Dios en Cristo Jesús (2 Co. 5:21).

Declaro que más grande es Cristo en mí que el enemigo que está en este mundo (1 Jn. 4:4).

Creo que estás dirigiendo e instruyendo a mis seres queridos y a mí en todos nuestros caminos (Jn. 16:13; Sal. 37:23).

Mi cónyuge está creciendo en la gracia y el conocimiento de Jesucristo, y su corazón está lleno de sabiduría, conocimiento y comprensión para ser todo lo que tú deseas que sea (2 P. 3:18; Col.

1:9; Pr. 9:10) (puede declarar esto para su futuro esposo o esposa si usted es una persona soltera. Declárelo por fe).

La Palabra de Dios es una lámpara que brilla a mis pies y una luz que ilumina cada paso que doy (Pr. 6:23; Sal. 27:1).

Camino en tu plenitud, con la dirección del Espíritu Santo y la protección de tus huestes angelicales (Sal. 34:7; 91:9–11; 121:8).

Tengo la mente de Cristo y hoy tomaré decisiones sabias y haré inversiones prósperas (1 Co. 2:16; Sal. 115:14; Zac. 8:12).

Gracias, mi Señor, por proporcionar todo lo que necesito hoy (Flp. 4:19).

Gracias, Espíritu Santo, por dirigir mi vida y enseñarme la verdad (Sal. 25:5).

Gracias, Padre, por alejarme de todas las tentaciones y la pérdida de tiempo, la pereza, el aplazamiento de lo que he de hacer y de los asuntos pendientes (Stg. 1:12–15; Pr. 19:15). Te doy toda la gloria. En el nombre de Cristo, ¡amén!

ESCRIBA SU ORACIÓN

Use este espacio para escribir los nombres de las personas a las que ha escogido perdonar. También puede anotar otras maneras en las que el Señor le ha ayudado a preparar su corazón, así como otras oraciones o pasajes que el Señor coloque en su mente.

_____

_____

_____

_____

_____

_____

_____

_____

_____

_____

_____

_____

_____

_____

_____

_____

_____

_____

_____

_____

_____

Capítulo 3

PREPARE SU MENTE PARA ORAR

"Porque cual es su pensamiento en su corazón, tal es él".
—Proverbios 23:7

U NA DE LAS habilidades más importantes que recientemente aprendí a dominar es la de poder *elegir a voluntad* lo que pienso e incluso lo que ingresa en mi mente. Esta revelación del Espíritu Santo me sacó de un lecho de enfermedad del cual el enemigo esperaba que no me levantara, para seguir dando enseñanzas y consejos poderosos. Creo que esta nueva manera de actuar, junto con las oraciones poderosas y específicas que la acompañan, serán de gran provecho en su vida, así como en la de sus hijos y nietos.

Los pensamientos pueden medirse, pueden ser positivos o negativos, y afectan cada aspecto de nuestra vida. Influyen en cada decisión que tomamos, cada palabra que decimos, cada acción que emprendemos y cada reacción que tenemos.

Si queremos que nuestras oraciones sean efectivas para derribar fortalezas y proteger las vidas de nuestros hijos y nietos, debemos primero aprender a renovar nuestra mente con la Palabra de Dios. Debemos desterrar la duda y la confusión. Si permitimos que la duda, el estrés y las circunstancias adversas que muchas veces rodean a nuestra familia tomen el control de nuestros pensamientos, jamás podremos orar libremente o tener confianza en que Dios está atento a nuestras oraciones y que pronto veremos la victoria.

Es urgente que entendamos esta enseñanza. Si no aprendemos cómo llevar cautivo todo pensamiento a la obediencia a Cristo (2 Co. 10:5), nunca viviremos la vida victoriosa que Cristo nos garantizó con su muerte: una vida de paz y alegría, provista de todo lo que necesitamos y un hogar feliz con hijos bien adaptados. Debemos elegir lo que dice la Palabra de verdad por encima de lo que dictan nuestros sentimientos o nuestras dificultades.

La siguiente sección de este capítulo presenta algunos pasajes específicos relacionados con la mente. Yo prefiero que usted estudie bien estos pasajes, ya que son mucho más importantes que mis propias palabras. Una forma de cumplir con estas instrucciones es dedicando unos minutos todos los días a meditar cuidadosamente en una promesa de la Biblia que pueda renovar su mente, y luego orando de forma breve y espontánea para comenzar a poner en práctica la Palabra de Dios. Mi libro *Satanás, ¡mis promesas no son tuyas!*, está lleno de maravillosas promesas que son apropiadas para su crecimiento espiritual. No olvide agradecer al Espíritu Santo por ayudarle y por dirigir sus pasos y pensamientos.

Este régimen diario le ayudará a dirigir de manera más específica sus oraciones por usted y sus hijos. Yo personalmente lo practico todos los días, y me ha dado resultados extraordinarios. Todos los miembros de mi familia sirven a Dios, y están llenos de bendiciones y provisiones. Personalmente, puedo atestiguar el hecho de que orar de acuerdo con la Palabra de Dios es una herramienta poderosa y efectiva.

VERSÍCULOS CLAVE SOBRE LA MENTE

Echemos un vistazo a Romanos 12:2 en tres diferentes traducciones de la Biblia, que están redactadas de manera diferente, pero que significan lo mismo.

> *"No os conforméis a este siglo, sino transformaos por medio de la renovación de vuestro entendimiento, para que comprobéis cuál sea la buena voluntad de Dios, agradable y perfecta"*.
> —ROMANOS 12:2, RVR1960

"No se amolden al mundo actual, sino sean transformados mediante la renovación de su mente. Así podrán comprobar cuál es la voluntad de Dios, buena, agradable y perfecta".

—ROMANOS 12:2, NVI

"No imiten las conductas ni las costumbres de este mundo, más bien dejen que Dios los transforme en personas nuevas al cambiarles la manera de pensar. Entonces aprenderán a conocer la voluntad de Dios para ustedes, la cual es buena, agradable y perfecta".

—ROMANOS 12:2, NTV

El Espíritu Santo quiere enseñarnos cómo discernir la voluntad de Dios y cómo cambiar. Es el Espíritu Santo el que quiere ayudarnos a cambiar la manera en que pensamos y cómo procesamos nuestros pensamientos. *Discernir* significa "ver, reconocer o entender algo".[1] *Cambiar* significa "actuar de otra manera" "reemplazar".[2]

Al comenzar este proceso, dedique tiempo a estudiar estos poderosos pasajes que he organizado en temas para usted.

Promesas de renovación mental

- Tito 3:5: Somos salvos y regenerados a través del Espíritu Santo que opera en nuestra mente.
- Salmo 51:10: Cuando nos arrepentimos sinceramente, nuestro espíritu se renueva por completo.
- 2 Corintios 4:16: Todos los días, nuestro "hombre interior" (nuestra mente) se renueva al poner en práctica la Palabra de Dios.
- 1 Corintios 2:16: Tenemos "la mente de Cristo".

La meditación renueva la mente

"Por lo demás, hermanos, todo lo que es verdadero, todo lo honesto, todo lo justo, todo lo puro, todo lo amable, todo lo que es de buen nombre; si hay virtud alguna, si algo digno de alabanza, en esto pensad. Lo que aprendisteis y recibisteis y

oísteis y visteis en mí, esto haced; y el Dios de paz estará con vosotros".

—FILIPENSES 4:8–9

La actitud es renovada

"En cuanto a la pasada manera de vivir, despojaos del viejo hombre, que está viciado conforme a los deseos engañosos, y renovaos en el espíritu de vuestra mente".

—EFESIOS 4:22–23

Debemos asumir la actitud de Cristo

"Tengan la misma actitud que tuvo Cristo Jesús".

—FILIPENSES 2:5, NTV

Revestirnos de la nueva naturaleza

"Dejen de mentirse unos a otros, ahora que se han quitado el ropaje de la vieja naturaleza con sus vicios, y se han puesto el de la nueva naturaleza, que se va renovando en conocimiento a imagen de su creador".

—COLOSENSES 3:9–10, NVI

Seremos guardados en perfecta paz

"Tú guardarás en completa paz a aquel cuyo pensamiento en ti persevera; porque en ti ha confiado".

—ISAÍAS 26:3

RENOVAR LA MENTE ES LO MÁS IMPORTANTE

El área más importante a la que hay que prestar atención y defender es la mente. ¡El hábito de renovar la mente también renueva la vida! Podrá continuar pensando, hablando y actuando de acuerdo con las enseñanzas de la Palabra de Dios y no de acuerdo con sus emociones y sentimientos. Hacerlo producirá sanación emocional, paz, restauración, prosperidad y sabiduría para tomar decisiones valiosas y transformadoras.

El día que usted aceptó a Jesucristo, en su corazón ocurrió un increíble milagro: usted nació de nuevo. Cuando eso sucedió, el Espíritu de Dios entró en su espíritu y lo restauró a su diseño y propósito originales.

En el instante en que usted recibió la salvación, su espíritu se renovó y despertó espiritualmente a los temas divinos. Pero la obra de transformación de la que habla el apóstol Pablo no tiene que ver con su espíritu: se refiere a su alma y su mente. La mente es el lugar donde el cambio y la transformación deben producirse y donde usted debe conformarse a la imagen de Cristo.

El alma es el lugar donde viven su personalidad, su ego, sus pensamientos, sus recuerdos, su voluntad, sus emociones y su mente. *La entrada a la vida del alma no es a través de la voluntad o de las emociones, sino a través de la mente. Cada pensamiento pasa por la mente.*

Si usted tiene un espíritu regenerado, pero su mente no ha sido renovada, la nueva vida que está en su espíritu no puede alcanzar su alma de forma efectiva. Esta es una verdad absoluta en las Escrituras. Por eso es que se hace tanto hincapié en que la mente debe ser renovada.

Piénselo de esta manera: cuando alguien está dominado por un deseo pecaminoso y compulsivo que no puede superar, el problema no está en el deseo en sí, sino en su mente.

La mente debe ser renovada para liberarse de los pensamientos incorrectos. Las Escrituras dicen claramente que la lujuria es un deseo engañoso y compulsivo que no podemos gobernar y sobre el cual no se tiene control. Es el estado en que se encuentra una mente oscura y vacía. Si la mente está en la oscuridad, la voluntad también estará en la oscuridad y sus deseos la dominarán.

"En cuanto a la pasada manera de vivir, despojaos del viejo hombre, que está viciado conforme a los deseos engañosos, y renovaos en el espíritu de vuestra mente, y vestíos del nuevo hombre, creado según Dios en la justicia y santidad de la verdad".

—Efesios 4:22–24

Usted podría estar pensando: *Iris, esto es extraordinario, pero, ¿cómo puedo saber si estoy renovando mi mente? ¿Hay algo específico que deba hacer?* La respuesta es sí, y es muy simple. Hay tres cosas que usted debe hacer diariamente. Puede también usar las siguientes oraciones como ejemplos para formar sus propias oraciones y permitir que el Espíritu Santo le ayude.

1. **Dispóngase a despojarse del "viejo hombre".** Esto se refiere al "viejo hombre" en su mente: todos los pensamientos, conceptos y creencias negativos y falsos asociados con su pasado y su formación.

   Querido Dios, te entrego mi vida, mi pasado y mis deseos. Ya no soy esclavo del pecado (Ro. 6:6). Espíritu Santo, estoy dispuesto a despojarme de todo aquello en mi mente que sea un obstáculo para mi crecimiento espiritual y mi paz mental. Gracias por tu ayuda. En el nombre de Jesús, amén.

2. **Pídale al Espíritu Santo que lo ayude.** Tenga una comunión íntima con él en oración todos los días. No tenga miedo de pedir su ayuda y consejo en cada aspecto de su vida. El Espíritu Santo obra en nosotros y con nosotros, pero nunca sin nosotros. La transformación requiere que permitamos que el Espíritu Santo obre en nosotros para enseñarnos un plan y un propósito completamente nuevos de los hábitos espirituales.

   Espíritu Santo, te acepto y reconozco como mi Ayudante. Gracias por enseñarme todo lo que hay en la Palabra de Dios que puede transformar mi vida y renovar mi mente (Jn. 14:26). Ayúdame a prestarte atención y desear pasar tiempo contigo. Dios, te agradezco por tu Espíritu, el cual mora en mí y me ayuda a fortalecerme cada día (1 Co. 3:16). Quiero aprender de ti. Por favor, abre mis ojos y muéstrame las cosas grandes y maravillosas de tu Palabra (Sal. 119:18).

3. **Medite en la Palabra de Dios.** Dios nos ha dado todos los recursos espirituales necesarios para ser conformes a la imagen de su Hijo. Debemos cooperar con el Espíritu Santo para que este cambio ocurra, y necesitamos meditar en la Palabra de Dios habitualmente. Solo la Palabra de Dios tiene el poder de revelar y eliminar de nuestra mente los viejos hábitos y pensamientos.

Querido Padre, ayúdame a aprender de tu Palabra y meditar en ella día y noche, así como obedecer tu consejo (Jos. 1:8). Ayúdame a estar tranquilo y a confiarte mi vida y mi familia (Sal. 4:4).

¿POR QUÉ ES IMPORTANTE CONOCER EL PAPEL QUE JUEGA LA MENTE?

La mente es el campo de batalla donde Satanás y sus espíritus malignos luchan en contra de la verdad.

"Pues aunque andamos en la carne, no militamos según la carne; porque las armas de nuestra milicia no son carnales, sino poderosas en Dios para la destrucción de fortalezas, derribando argumentos y toda altivez que se levanta contra el conocimiento de Dios, y llevando cautivo todo pensamiento a la obediencia a Cristo".
—2 CORINTIOS 10:3–5

El apóstol Pablo entendía que la batalla del creyente se desarrolla en la mente. La mente es el lugar donde Satanás alinea todas sus fuerzas para destruir a los hijos de Dios. Es el campo de batalla. Cuando leemos este pasaje, podemos ver el lenguaje de la guerra espiritual.

- "Las armas de nuestra milicia" (estamos en una guerra y tenemos armas).
- "Llevando cautivo todo pensamiento a la obediencia a Cristo" (una instrucción específica sobre cómo llevar a cabo la guerra espiritual).

- "Para la destrucción de fortalezas, derribando argumentos y toda altivez" (una instrucción específica sobre lo que debemos destruir con oración y declaraciones tomadas de la Palabra de Dios).

Es fundamental que entendamos que Dios quiere que tomemos posesión de nuestra mente. Muchos esperan que Dios limpie sus mentes de todo lo malo, pero nosotros debemos hacer nuestra parte en esta guerra. Jesucristo ya pagó el precio por nuestra libertad. Dios no borra nuestra mente, sino que la renueva para que podamos conocerlo y obedecerlo. Si yo no uso mi mente, hay seres ocultos y demoníacos que están esperando ocuparla.

Querido Abba Padre: Tu Palabra es poderosa y capaz de limpiarme y renovar mi mente a medida que la obedezco, la declaro y la pongo en práctica. Al obedecer y prestar atención a tu Palabra, puedo decir con confianza: "Tengo la mente de Cristo" (1 Co. 2:16). Ayúdame a estudiarla y meditar en ella para tener una mente gobernada por el Espíritu y no una mente controlada por los sentidos. Gracias por esta revelación.

CÓMO GANAR LA BATALLA POR LA MENTE

Lo primero que debemos tener claro es la importancia de tener libertad mental para ejercer nuestra fe. Es una necesidad vital y necesaria para poder vivir de manera libre e íntegra.

Proverbios 23:7 nos dice que "cual es su pensamiento [el de una persona] en su corazón, tal es él". Lo que pensamos se transforma en lo que somos, en cómo actuamos y en lo que creemos. Esta es una gran verdad. Debemos pensar seriamente en esto.

Todos estamos librando una batalla en nuestra mente y debemos tener claro que esta batalla no se gana en un día, sino que depende de nuestro compromiso mantenernos conectados con el Espíritu Santo para que Él sea el que nos guíe y luche por nosotros.

Usted debe seguir avanzando y continuar dando la batalla sin parar. La renovación de la mente es un proceso y es Dios el que pelea nuestras batallas. De nuestra parte queda creer y confiar. Todos los días tenemos que sembrar una semilla de fe y declarar victoria ante el enemigo. Meditar en pasajes específicos y declarar la Palabra todos los días es una forma muy efectiva de renovar la mente.

Es posible que muchas veces la incredulidad le abrume. Pero para renovar la mente, usted debe decidir creer y actuar según lo que dice la Palabra de Dios viva y activa. A menudo, el Espíritu Santo nos da fe por aquello que nuestra mente no siempre es capaz de asimilar. La mente quiere entenderlo todo, pero a veces se niega a creer lo que no puede entender. Debemos levantar el escudo de la fe y pedirle a Dios sabiduría en las pruebas para que Él nos muestre lo que necesitamos derribar en oración.

Señor, entiendo que la batalla por mi mente es un asunto muy serio (1 P. 1:13). En el nombre de Jesús, me pongo el casco de salvación para cubrir y proteger mi mente de todos los dardos de fuego del enemigo, así como el escudo de la fe, haciendo confesiones diarias de fe (Ef. 6:16–17). Gracias, Padre eterno, por este gran privilegio.

CONCLUSIÓN

Pídale entendimiento a Dios para que su luz penetre sus pensamientos y le ayude a descubrir las fortalezas que el enemigo ha levantado en su mente. Una vez que usted tome cautivo todo pensamiento, se le hará más fácil filtrarlo de acuerdo con la Palabra de Dios.

Usted debe dominar su carne y sus actitudes. Si realmente quiere experimentar la paz de Dios en su hogar, renueve su entendimiento con el conocimiento de la Palabra de Dios y viva como Dios lo estableció para usted desde el principio. No camine con un semblante derrotado e infeliz, ¡camine con la ayuda y el poder del Espíritu Santo! Siempre habrá tribulaciones, pero no lograrán derrotarle.

Dios requiere una transformación en su vida que comience con su corazón a través de la renovación y la enseñanza de la mente.

La Biblia no dice que tenemos que buscar remedios para mejorar nuestra vida, sino de renovarla a través del conocimiento de la Palabra de Dios y de las enseñanzas de pastores y mentores.

Si usted se compromete a renovar su mente a través del conocimiento de la Palabra de Dios, permitiendo que el Espíritu Santo le revele todo aquello que necesita eliminar de su vida, experimentará la plenitud y la victoria de una nueva vida en Cristo Jesús, así como oraciones contestadas. Esto es algo que usted debe creer.

Me comprometo fielmente con el proceso de renovar mi mente estudiando la Palabra de Dios y poniéndola en práctica. Gracias, Espíritu Santo, por ayudarme a ser diligente y decidir nunca rendirme. En el nombre de Jesús, amén.

Escriba su oración

Use este espacio para anotar lo que aprendió en este capítulo sobre cómo renovar su mente, así como cualquier oración o versículo de las Escrituras que el Señor le haya revelado.

_____

_____

_____

_____

_____

_____

_____

_____

PARTE II

PROTEJA A SUS HIJOS

"Sobre todas las cosas cuida tu corazón, *porque este determina el rumbo de tu vida"*.
—PROVERBIOS 4:23, NTV, ÉNFASIS AÑADIDO

Capítulo 4

ORE POR SUS HIJOS
A CUALQUIER EDAD

*"Y en tu libro estaban escritas todas aquellas cosas que
fueron luego formadas, sin faltar una de ellas".*
—Salmo 139:16

Dios TIENE PLANES asombrosos para nuestra vida y la vida de
nuestros hijos. Él quiere que levantemos una generación que
haga grandes cosas por Él, pero todo comienza con la oración. Recuerde que las oraciones incluidas en este libro tienen la inten-
ción de enseñarle cómo orar. Por favor, no las vea como un guion que
debe seguir al pie de la letra. Al igual que la oración de Jesús durante
su Sermón del Monte, tómelas como un modelo que puede seguir a
medida que desarrolla su propia vida de oración. Personalícelas, incluyendo el nombre de su hijo, hija o ser querido, según sea el caso. A
medida que su hijo se desarrolle, su vida de oración también lo hará,
y podrá usar cualquier palabra que nazca en su corazón.

Al concebir a sus hijos (durante el embarazo)
*Querido Padre, te agradezco por esta maravillosa promesa de que
incluso antes de que nazca un niño, tu omnipresencia y omnis-
ciencia está con ese bebé. Gracias por cubrir la vida de mi hijo.
Tu Palabra declara: "Porque tú formaste mis entrañas; tú me
hiciste en el vientre de mi madre [. . .]. No fue encubierto de
ti mi cuerpo, bien que en oculto fui formado, y entretejido en lo
más profundo de la tierra. Mi embrión vieron tus ojos, y en tu*

libro estaban escritas todas aquellas cosas que fueron luego forma-
das, sin faltar una de ellas" (Sal. 139:13, 15–16). Padre, desde
el primer día tus ojos han estado puestos sobre este niño. Gracias
por tu divino favor y sabiduría, que guiarán cada paso de mi hijo
hacia la vida eterna. En el nombre de Jesús, amén".

Durante el embarazo, le sugiero que ore por el niño en su vientre todos los días. Sea feliz y cántele himnos y salmos. Elija y declare algunos de los pasajes incluidos en este libro, segura de que el
Espíritu de Cristo en el feto recibirá los mensajes. Pronuncie palabras de sanidad. Si la madre está estresada y emocionalmente frus-
trada, es posible que el feto pueda sentir lo mismo que ella. Aparte
tiempo para descansar y meditar sobre los efectos que la Palabra de
Dios tendrá en su vida y en la vida de su bebé.

Los siguientes son ejemplos de cómo realizar oraciones increí-
blemente importantes basadas en las promesas de la Palabra de Dios
para sus hijos mientras están en su vientre y cuando los dé a luz.
Personalícelas colocando el nombre de sus hijos en la oración.

Querido Dios, creo que este niño será enseñado por el Señor y
que grande será su paz (Is. 54:13).

Dios mío, protege y llena el corazón de mi hijo con tu Palabra
para que nunca peque contra ti (Sal. 119:11).

Padre, llena a mi hijo con el conocimiento de tu voluntad en toda
sabiduría y conocimiento espiritual, a fin de que su vida siempre
te agrade y dé buenos frutos (Col. 1:9–10).

Querido Señor, mi oración es para que la voluntad y la compren-
sión de mi hijo estén llenos de los espíritus de sabiduría y reve-
lación en el conocimiento de Cristo, a fin de que siempre tenga
claro su llamado y su herencia en Cristo Jesús (Ef. 1:17–19).

Jehová Dios, ayuda a mi hijo a confiar en ti de todo corazón y a
no depender nunca de la comprensión humana (Pr. 3:5–6).

Gracias, Abba Padre, por rodear a mi hijo con tu escudo protector y con tu gran favor donde quiera que vaya. Gracias por tu bendición sobre su vida (Sal. 5:12).

Ayuda a mi hijo, querido Dios, a no preocuparse o temer a las diferentes circunstancias, sino a permanecer anclado en tu Palabra, con la seguridad de que tu paz guardará su corazón y su mente en Cristo Jesús (Flp. 4:6–9).

Cuando su hijo está a punto de nacer

Querido Padre, tú ves el estado de mi corazón. Tu Palabra declara: "Jehová cumplirá su propósito en mí; tu misericordia, oh Jehová, es para siempre; no desampares la obra de tus manos" (Sal. 138:8).

Creo en esta promesa para mi hijo que está por nacer y para mí. Gracias, Padre, por la paz que hay mi corazón durante todo el proceso de nacimiento. Cúbrenos con la poderosa sangre de Jesús. Te agradezco por tus ángeles que estarán atentos a todos los detalles. Bendice las manos de los médicos y enfermeras que participarán en el proceso. Gracias por el niño completamente sano y lleno de vida que nacerá. Gracias por cuidar mi cuerpo y mi mente. Expulso todo el miedo y los pensamientos negativos de mi mente y mi corazón. Pongo mi confianza en ti. En el nombre de Jesús, amén.

Cuando su pastor presenta a su hijo delante de Dios y de la iglesia

Querido Padre, hoy agradecemos tu amor y tus bendiciones en nuestras vidas. Gracias por este privilegio de dedicar a este niño en tu presencia, de la misma manera en que Jesús fue presentado en el templo ocho días después de su nacimiento. Ayúdanos como padres a comprometernos a criar a este niño en la enseñanza y la admonición de la Palabra y en el temor del Señor. Gracias, Dios mío, por impartir tu bendición sobre nuestra familia. En el nombre de nuestro Señor Jesucristo, amén.

Al comenzar la crianza

Cuando los niños son pequeños, están más dispuestos y son más susceptibles a creer lo que dice la Biblia sobre el amor, el perdón y la presencia de Dios. Es muy importante hacer hincapié en el amor mientras atiende sus necesidades físicas, así como presentarles el plan de salvación. No tenga miedo de hablar de manera específica y, al mismo tiempo, de divertirse relatando historias bíblicas como la de David y Goliat, que enseñan valores muy importantes que se convertirán en parte de su carácter y personalidad.

> *Padre, tu Palabra declara: "Instruye al niño en su camino, y aun cuando fuere viejo no se apartará de él" (Prov. 22:6). Ayúdame a nunca a tomar esta responsabilidad como un sacrificio, sino como una urgente necesidad. Lléname con tu sabiduría y conocimiento para estar siempre alerta a las artimañas del enemigo contra mis hijos. A medida que mi familia crezca, ayúdame a tener presente la importancia de construir una base sólida en tu amor y tu Palabra en los corazones de mis hijos. Aunque lleguen tormentas, los cimientos se mantendrán firmes y sus promesas se cumplirán en sus vidas. Gracias, Señor, por la sabiduría, la comprensión y el conocimiento que me das para llevar a cabo esta tarea crucial. En el nombre de Jesús, amén.*

Cuando sus hijos están jóvenes

Padres, recuerden que esta es una edad muy vulnerable para sus hijos. Es una época en la que aprenden a repetir, memorizar y mantener en su corazón lo que ven, escuchan y aprenden. En Proverbios 22:6 tenemos una promesa de Dios para cada padre. Independientemente de la edad, cuando un individuo recibe a Jesús en su corazón durante su infancia, tarde o temprano seguirá los caminos de Dios.

> *Señor, te agradezco por la vida de mis hijos. Tengo la seguridad de que los estás formando según tu corazón, mente y carácter. Te pido que los cubras con tu sangre preciosa y con tu armadura. Por favor, retira de su camino cada persona o situación que*

pueda impedirles cumplir su propósito divino. Inculca en ellos una mente capaz de aprender, comprender y retener todas las cosas académicas y todas las cosas espirituales.

Saca de sus mentes todos los "no puedo" o "no sé cómo", y pon en sus mentes y corazones la convicción de ser valientes y decididos, confiando en que tu Espíritu vive en ellos y los capacita para todo lo que son llamados a hacer. Bendigo las vidas de mis hijos en el nombre que está sobre todos los nombres, el nombre de Jesucristo. Amén.

Cuando sus hijos van a la escuela

Señor, por favor, pon en las mentes de mis hijos la capacidad de entender y retener cosas académicas y espirituales. Guíalos con tu Espíritu Santo en cada momento, y llénalos de discernimiento para tomar cada decisión. Que sean diez veces mejores porque tu Espíritu Santo los está dirigiendo. Guarda sus pensamientos contra la distracción de las cosas del mundo. Bendigo a mis hijos y declaro la paz de Dios sobre sus vidas.

Gracias, padre, por mantenerlos alejados de toda relación negativa y diseñada por el enemigo para hacerlos caer. Te agradezco por la protección que está continuamente a su alrededor. Te pido que les des la sabiduría para elegir a sus amigos y que siempre tengan el temor de Dios de elegir entre el bien y el mal. Espíritu Santo, ayuda a mis hijos a desarrollar buenos hábitos en cada aspecto de sus vidas. Te agradezco por tu bendición sobre sus vidas. En el nombre de Jesús, amén.

Para un hijo preadolescente o adolescente joven

Es importante preparar a sus hijos para los cambios que ocurrirán durante sus años de adolescencia. Y por favor, no sienta incomodidad o temor de tratar el tema de su sexualidad. Los adolescentes cambian rápidamente cuando entran en la pubertad. Durante esta etapa, tienden a discutir y tocar temas que le afectan a usted directamente.

Este es el momento preciso en la vida de un adolescente para escuchar sobre la verdad del evangelio y la lucha entre el Reino de Dios y el de Satanás. Pero esto es algo que debe hacerse de una manera interesante y fácil de entender. Enseñe a sus hijos a temer y respetar a Dios, así como los beneficios y bendiciones que formarán parte de su vida para siempre. No pierda esta oportunidad vital para influir positivamente en ellos y dejarles un legado de bendición.

Señor, ayúdame a ser un modelo de tu amor y tu compasión, especialmente durante las tormentas y las pruebas. Deja que mis hijos puedan ver tu paz, amor y dominio propio en mí. Dame sabiduría e ideas originales para enseñar los preceptos de tu Palabra y explicar la guerra entre la luz y la oscuridad. Gracias, Padre, por llenar mi corazón con tu amor y sabiduría para que nunca pierda la necesidad de criar a mis hijos con un profundo sentido de respeto y admiración por Dios.

Para los hijos adultos jóvenes

A partir de los dieciséis años, las amistades y las tentaciones desempeñan un papel importante y dominante en la vida de sus hijos. Las oraciones y la vigilancia espiritual de los padres deben ser prioritarias. No descuide pasar tiempo en familia y ofrecer ayuda en sus estudios y asuntos personales. A esta edad, puede dejar de criarlos y desarrollar una amistad sana y amorosa con ellos.

Señor, te agradezco por la vida de mis hijos. Ruego que los llenes con tu gracia, favor y sabiduría. Gracias por morar en ellos con tu conocimiento y comprensión para que superen y sobresalgan en sus tareas y responsabilidades. Gracias porque haces que su vida, corazón, mente y carácter se ajusten a tu semejanza.

Ruego que en este día los proteja de todo accidente, falla mecánica o robo. Gracias por proteger a mis hijos contra todas las enfermedades y pestes. Gracias por cubrirlos con tu preciosa sangre y tu armadura. Te pido, amado Padre, que retires de sus caminos a cada persona y obstáculo que el enemigo pueda usar para distraerlos y alejarlos de tu propósito para sus vidas, y te agradezco que envías ángeles para que los cuides. En el nombre de Jesús, amén (lea y estudie el Salmo 91).

Por la carrera de sus hijos y su ética laboral

Querido Padre, tú conoces los corazones de mis hijos y los obstáculos que pueden surgir en sus vidas. Pongo sus profesiones y sus trabajos en tus manos. Protégelos de los errores y de cualquier influencia externa negativa que pueda tratar de obstruir tu bendición en sus vidas. Ayúdalos a desempeñarse con excelencia en sus lugares de trabajo y a ganar un salario justo. Ayúdalos a liberarse de la esclavitud de la deuda y a ser dadores consistentes y alegres. Gracias, Dios mío, por impartir sobre ellos tu sabiduría y entendimiento (Dan. 2:21).

Para sus años de noviazgo

Querido padre, ayuda a mis hijos a ser pacientes mientras esperan a la persona que tú has predestinado para ellos. Protege sus mentes de toda tentación y persuasión del enemigo. Espíritu Santo, ayúdalos a permanecer puros hasta que se casen. Tu Palabra dice que independientemente de cuán grande sea la tentación, tú tienes una salida de ella.

Prepáralos para la vida matrimonial, para que puedan elegir con prudencia, sabiduría, comprensión y discernimiento a la persona correcta, según tu voluntad. Ayúdame a darles consejos sanos dirigidos por ti. Te agradezco por cuidar sus almas y proteger sus mentes. En el nombre de Jesús, amén.

Para el matrimonio de sus hijos

Amado Dios, te pido que mis hijos sean fieles en su matrimonio. Oro para que su amor sea sincero, aprendan a amarse con verdadero afecto y se deleiten en honrar a los demás (Ro. 12:9–11). Enséñame a no intervenir en su matrimonio o tratar de dominarlo o ser un obstáculo. Te agradezco por tu sabiduría y amor perdurable. En el nombre de Jesús, amén.

Cuando sus hijos se convierten en padres

Abba Padre, tú conoces el estado de perversidad de este mundo y los millones de familias destruidas con niños tristes y abandonados. Te pido que cuando mis hijos se conviertan en padres, jamás se alejen de tus caminos y sus corazones siempre se vuel-van hacia sus hijos con buenos consejos, llenos de la sabiduría de tu Palabra. Ayúdame a ser un ejemplo de tu amor para que ellos también puedan aprender a criar a sus hijos con la disciplina y la instrucción que viene del Señor. Gracias, Padre, por esta gran bendición. Declaro que mis hijos y mis (futuros) nietos nunca se apartarán de los caminos del Señor (Lc. 1:17; Ef. 6:4). En el nombre de Jesús, amén.

No hay un legado más valioso y duradero que podemos dejar a nuestros hijos a medida que crecen y atraviesan las diversas etapas de la vida, que la persona de Jesucristo y una relación genuina con el Espíritu Santo. Al avanzar al siguiente capítulo y descubrir oraciones que formarán en el corazón de sus hijos un carácter y valores piadosos, continúe orando, con la seguridad de que sus hijos pertenecen al Reino de Dios. Incluso aunque no vea ningún cambio específico, siga orando porque sus oraciones son semillas que, en el momento oportuno, florecerán y darán frutos, porque cada una de estas verdades tiene fundamento bíblico.

ESCRIBA SU ORACIÓN

Use este espacio para anotar la edad de su hijo, el motivo por el que está orando específicamente y los versículos de las Escrituras que el Señor coloque en su mente mientras ora.

Capítulo 5

TRANSFORME EL CORAZÓN DE SUS HIJOS

"Porque la palabra de Dios es viva y eficaz, y más cortante que toda espada de dos filos; y penetra hasta partir el alma y el espíritu, las coyunturas y los tuétanos, y discierne los pensamientos y las intenciones del corazón".
—HEBREOS 4:12

CREO QUE ORACIONES como las que he presentado a lo largo de este libro son las más importantes y efectivas que usted puede realizar, ya que se fundamentan en la Palabra de Dios. Juan 1:1 dice: "En el principio era el Verbo, y el Verbo era con Dios, y el Verbo era Dios". En 2 Timoteo 3:16–17 se nos dice: "Toda la Escritura es inspirada por Dios, y útil para enseñar, para redargüir, para corregir, para instruir en justicia, a fin de que el hombre de Dios sea perfecto, enteramente preparado para toda buena obra".

Como puede ver, las oraciones e instrucciones basadas en la Palabra de Dios pueden hacer que nuestros hijos sean capaces de toda buena obra. Los siguientes ejemplos de cómo orar con base a las Escrituras son poderosos. Ya sea que repita los pasajes de manera exacta o parafraseada, ore poderosamente, creyendo en la fe a medida que el Espíritu Santo le fortalece y le sostiene en el hombre interior con un poder sobrenatural (Ef. 3:16).

ORACIONES QUE FORMAN EL CARÁCTER Y DAN PROPÓSITO A SUS HIJOS

Para tener salvación

Padre, haz que mis hijos se acerquen a Jesucristo desde una edad temprana, y que te busquen siempre (2 Cr. 34:1–3; Hch. 2:21).

Para crecer en sabiduría

Señor, haz que crezcan en sabiduría y gracia para contigo y los demás, así como Jesús "crecía en sabiduría y en estatura, y en gracia para con Dios y los hombres" (Lc. 2:52).

Para tener honor e integridad

Padre, oro para que mis hijos te honren con todo su ser y avancen de manera firme e íntegra (Pr. 3:9; 10:9).

Para que obren con humildad y en el temor de Dios

Gracias, Padre, por ayudar a mis hijos a obrar con humildad y en el temor del Señor. Tu Palabra declara en Proverbios 22:4 que al hacerlo disfrutarán de riquezas, honra y vida.

Para que tengan disciplina dominio propio

Señor, te pido que mis hijos siempre demuestren disciplina y autocontrol en todo lo que hagan. Que siempre busquen hacer lo que es bueno y agradable para ti y para los demás (Tit. 1:8).

Para que busquen la paz

Señor, inculca en mis hijos el deseo de ser pacificadores, especialmente en situaciones difíciles. Ayúdame a ser un ejemplo de tu paz y dependencia en tu Palabra para que podamos "recoger como fruto la justicia" (Stg. 3:18, DHH).

Para que tengan pureza sexual

Padre, ayuda a mis hijos, así como a sus futuros cónyuges, a permanecer puros hasta el matrimonio. Ayúdales a comprender que sus cuerpos son el templo del Espíritu Santo y que su disposición a abstenerse de la inmoralidad honrará a Dios (1 Co. 6:18–20).

Para que desarrollen el deseo de orar

Gracias, Espíritu Santo, por ayudar a mis hijos a desarrollar el deseo de ser fieles en la oración y de aprender a buscarte primeramente cada vez que experimenten ansiedad o una necesidad especial (Ro. 12:12; Fil. 4:6).

Para que se sometan a Dios

Señor, ayuda a mis hijos a someterse completamente a ti y a resistir a Satanás (Stg. 4:7).

Para que dependan del Espíritu Santo por ayuda y dirección

Espíritu Santo, te pido que mis hijos siempre busquen tu ayuda y dirección divina. Que desarrollen una relación cercana e íntima contigo (Jn. 14:16–17).

Para que desarrollen un espíritu agradecido

Señor, ayuda a mis hijos a que elijan estar siempre agradecidos contigo y con los demás. Que miren todas tus bendiciones con un corazón agradecido y estén listos para bendecir también a los necesitados. Que tu paz siempre gobierne sus corazones con una actitud de agradecimiento (Col. 3:15; Ef. 5:20; 1 Tes. 5:18).

Para que amen con un corazón puro

Señor, ayuda a mis hijos a amar con un corazón puro, a partir de una buena conciencia y una fe sincera. Ayúdame a ser siempre un ejemplo de tu amor y tu paz (1 Tim. 1:5).

Para resistir la tentación

Querido padre, ayuda a mis hijos a resistir la tentación y a recordar siempre que cuando sean tentados, tú siempre proporcionarás una salida para que puedan soportar la prueba (1 Co. 10:13). *Gracias por esta promesa.*

Para que sean dóciles y confiables

Señor, ayuda a mis hijos a estar dispuestos a obedecer tus mandamientos y a desarrollar una comprensión correcta de Cristo Jesús. Ayúdalos a alinearse con la verdad y a abandonar toda falsedad, falta de sinceridad y mentiras del enemigo (Pr. 12:1; Jn. 14:6; Heb. 13:15).

Para que siempre confíen en Dios

Padre, te pido que mis hijos desarrollen una profunda intimidad contigo y confíen en tu Palabra. Te pido que estén confiados en que el Señor es su Pastor, y que Él los guiará por caminos de justicia (Sal. 23).

Para que estén conformes y contentos

Mi Señor, ayuda a mis hijos a comprender y saber que pueden estar contentos en cualquier situación, independientemente de cuál sea. Ayúdalos a desarrollar confianza y satisfacción, no por lo que pueden ver, sino por el conocimiento sincero de tu amor y de tus fieles promesas (Heb. 12:1–2; 13:5).

Para que hagan todo sin quejarse

Señor, pon en mis hijos el deseo de llevar todo a cabo sin quejarse ni discutir, para que puedan ser encontrados inocentes e inocuos en medio de una generación perversa (Flp. 2:14–15).

Para que estén dispuestos a trabajar y ser fructíferos

Gracias Padre, por ayudar a mis hijos a vivir en la dignidad de tu salvación, fructificando en toda buena obra y creciendo en tu conocimiento (Col. 1:10).

Para evitar la envidia

Señor, ayuda a mis hijos a no sentir envidia de las personas malvadas o de sus amigos. Ayúdalos a vivir en paz y amor, jamás de manera arrogante ni movidos por la envidia (Pr. 24:1; Gl. 5:26).

Para que nunca guarden rencor

Dios mío, por favor ayuda a mis hijos a nunca buscar venganza o guardar rencor contra nadie, sino a estar siempre dispuestos a amar a su prójimo como a sí mismos (Lv. 19:18).

Para que sean perdonadores y compasivos

Gracias Señor, por ayudar a mis hijos a ser bondadosos y compasivos con los demás; y a estar siempre dispuestos a perdonar, tal como Cristo nos perdonó (Ef. 4:32).

Para que deseen conocer la Palabra de Dios

Señor, ayúdame a ser un ejemplo permanente de lo que es estudiar tu Palabra y ponerla en práctica, para que mis hijos también desarrollen el deseo de estudiarla, leerla y obedecerla (Heb. 4:12).

Para que sean perseverantes y tengan control propio

Espíritu Santo, enseña a mis hijos a perseverar en su caminar cristiano, siempre honrando a Dios y ejercitando el control propio en cada aspecto de su vida personal y social (2 P. 1:6).

Para que sean siervos fieles

Querido Dios, te pido que mis hijos desarrollen el corazón de un siervo fiel, dispuestos a ser sinceros en todo y agradándote en todos sus caminos (Mat. 25:23).

Para que sean amables y respetuosos

Señor, te pido que mis hijos deseen siempre ser amables y respetuosos cuando se les pregunte sobre su fe en Cristo. Que nunca se avergüencen del evangelio, sino que permanezcan seguros en su salvación y felices de defenderlo (Ro. 1:16).

Para que tengan un espíritu valeroso

Padre, haz que la vida de mis hijos esté marcada por un espíritu valeroso, listo para obedecer tu Palabra y nunca apartarse de ella. No permitas que ninguna persona o amigo los aleje de la verdad (Jos. 1:7).

Para resistir al diablo

> *Señor, gracias por ayudar a mis hijos a ser valientes y ser capaces de resistir al diablo. Que nunca tengan miedo de pedirte ayuda. Que siempre recuerden que Cristo es más grande en nosotros que el enemigo en el mundo (Stg. 4:7; 1 Jn. 4:4).*

DOS PODEROSOS PASAJES QUE USTED PUEDE DECLARAR EN ORACIÓN POR SUS HIJOS TODOS LOS DÍAS

Inserte el nombre de su hijo o su hija en estas dos oraciones inspiradas en las Escrituras, y declárelas en oración todos los días, independientemente de lo que vea, sepa o escuche en sus vidas. ¡Hágalo con fe! Como podrá ver al leer los pasajes que coloco directamente después de cada oración, no se trata de mis palabras, sino de oraciones poderosas tomadas directamente de la Palabra de Dios.

> *Querido Dios, ayúdame a no dejar de orar por mis hijos. Mi oración es para que los llenes con el conocimiento de tu voluntad en toda sabiduría e inteligencia espiritual, a fin de que puedan vivir de una manera digna del Señor, satisfaciéndolo en todo, dando fruto en toda buena obra y creciendo en el conocimiento de Dios. Ruego que se fortalezcan de acuerdo con tu poder glorioso para que puedan obtener fuerza y perseverancia, y con gozo dar gracias al Padre por permitirnos participar de su herencia.*

> *"Por lo cual también nosotros, desde el día que lo oímos, no cesamos de orar por vosotros, y de pedir que seáis llenos del conocimiento de su voluntad en toda sabiduría e inteligencia espiritual, para que andéis como es digno del Señor, agradándole en todo, llevando fruto en toda buena obra, y creciendo en el conocimiento de Dios; fortalecidos con todo poder, conforme a la potencia de su gloria, para toda paciencia y longanimidad; con gozo dando gracias al Padre que nos hizo aptos para participar de la herencia de los santos en luz".*

> —COLOSENSES 1:9–12

Querido Dios, jamás dejaré de agradecerte por la vida de mis hijos. Ayúdame a elevarlos constantemente a la presencia de Dios en mis oraciones para que el Dios de nuestro Señor Jesucristo, el Padre de gloria, les dé un espíritu de sabiduría y revelación en el conocimiento suyo, y que Él abra los ojos de su comprensión para que puedan conocer la esperanza de su llamamiento y las riquezas de la gloria de su herencia.

"No ceso de dar gracias por vosotros, haciendo memoria de vosotros en mis oraciones, para que el Dios de nuestro Señor Jesucristo, el Padre de gloria, os dé espíritu de sabiduría y de revelación en el conocimiento de Él, alumbrando los ojos de vuestro entendimiento, para que sepáis cuál es la esperanza a que Él os ha llamado, y cuáles las riquezas de la gloria de su herencia en los santos".

—EFESIOS 1:16–18

ORACIONES PARA TRANSFORMAR EL CORAZÓN DE SUS HIJOS

Para generar el fruto del Espíritu Santo

Gracias, Padre celestial, por manifestar el fruto del Espíritu Santo en la vida de mis hijos. Declaro por fe que mis hijos manifiestan diariamente este fruto, como se lo describe en Gálatas 5:22–23: Amor, gozo, paz, paciencia, benignidad, bondad, fe, mansedumbre y templanza. Ayúdame, Padre, a ser un ejemplo vivo de cada uno de estos atributos para que formen tanto mi carácter como el de mis hijos. En el nombre de Jesús, amén.

Para que sean dirigidos por el Espíritu Santo

Te pido, amado Padre, que protejas a mis hijos de cualquier relación que no sea tu voluntad para ellos. Espíritu Santo, por favor dirige sus pasos y revélate a ellos, posesionando su mente y su corazón mientras duermen. Despierta en ellos el deseo de servirte con todo su corazón y de buscar tu ayuda todos los días (Sal. 119:63; Jn. 15:13–14).

Gracias, Espíritu Santo, por guiar a mis hijos hacia buenas amistades y mantener sus corazones libres de toda corrupción, tentación y mentiras del enemigo. Enséñame, Espíritu Santo, a orar específicamente por ellos. Ayúdame a permanecer vigilante en la plenitud de tu Palabra y orando de manera poderosa. En el nombre de Jesucristo, amén (1 P. 5:8).

Para que sean obedientes a la autoridad

Querido padre, te pido que ayudes a mis hijos a respetar y obedecer cualquier autoridad legítima, cumpliendo las leyes establecidas y mostrando respeto a los que las hacen cumplir. Ayúdalos a no doblar jamás sus rodillas ante otros dioses o a estar de acuerdo con cualquier cosa que esté en contra de tu voluntad y tu Palabra. Llénalos de conocimiento para discernir cuándo están siendo dirigidos hacia las cosas del mundo y el mal. Gracias, Padre, porque tus promesas nunca cambian. En el nombre de Jesús, amén (Ro. 13:1–7; Dt. 7:4; 11:16; Sal. 16:4).

Para que sean obedientes y respetuosos de sus padres

Amado Dios, cuida los corazones de mis hijos y ayúdalos a ser obedientes y respetuosos con sus padres. Pon en ellos el espíritu del discernimiento para que puedan identificar las tácticas malvadas del enemigo en su contra. Ayúdame a ser un ejemplo vivo de tu amor y paciencia. Gracias por salvar a mis hijos de todos los ataques del enemigo y de toda confusión. En el nombre de Jesús, amén (Col. 3:20; Sal. 119: 125; 1 Co. 14:33).

Para que sean generosos y dadores

Gracias, Señor, por ayudarnos a poder ser fieles con nuestros diezmos y ofrendas, y generosos con nuestro dinero y con todas las bendiciones que recibimos de ti. Ayúdame a ser un modelo fiel para que mis hijos también puedan seguir el ejemplo de ser siempre generosos con su dinero y todas tus bendiciones. En el nombre de Jesús, amén (Pr. 11:25; 22:9).

Para que sean compasivos y misericordiosos

Señor, toca los corazones de mis hijos para que puedan ser siempre compasivos con los pobres y los indigentes. Que nunca pasen junto a una persona pobre sin atenderla y tener la compasión de extender sus manos ayudadoras. Que siempre puedan ofrendar para los pobres con sabiduría y entendimiento. Gracias, Padre, por bendecir nuestras vidas para que también podamos ser bendiciones para otros (Col. 3:12).

Para que sean protegidos por ángeles guerreros

Padre amado, gracias por los ángeles guerreros que siempre están disponibles para ayudarnos y protegernos de todo mal y peligro. Te pido que cubras a mis hijos con la protección de la sangre de Jesús, y te agradezco porque envías a tus ángeles para que los acompañen y los defiendan en todos sus caminos (Sal. 91:11–12).

Para que tengan visiones y sueños

Espíritu Santo, te pido que toques a mis hijos mientras duermen y te reveles a ellos en poderosas visiones que transformen sus vidas para siempre. Declaro que mis hijos pertenecen al Reino de Dios y que ninguna arma formada contra ellos prosperará. En el nombre de Jesús, amén (Dn. 1:17; Hch. 2:17; Is. 54:17).

Para que estén libres de perversiones

Padre, te agradezco por proteger los corazones de mis hijos de la tentación y la perversión. Ayúdalos, Espíritu Santo, a discernir entre el bien y el mal. Los cubro con la sangre de Jesucristo y ato cada espíritu de rebelión que busca atacar sus mentes. Gracias, Dios Padre, por salvar a mis hijos de toda perversión y de todas las estrategias del enemigo. Declaro que mis hijos son herederos del Reino de Dios (1 Co. 10:13; Am. 5:14; Ro. 8:17).

Para que estén protegidos del acoso sexual

Señor, gracias por proteger a mis hijos de todos los diabólicos planes del enemigo para seducirlos o forzarlos a realizar actos inmorales en contra su voluntad. Gracias por detener la mano del enemigo contra ellos en cada situación adversa. Protégelos de todo acto de perversión sexual por parte de amigos, familiares y extraños. Tengo la seguridad de que ninguna arma formada contra ellos prevalecerá. En el nombre de Jesús, amén (Jn. 17:15; 1 Co. 16:18–20; Is. 54:17).

Para que estén protegidos mientras duermen

Gracias, Padre, por tu protección divina sobre mis hijos mientras duermen. Te pido, Espíritu Santo, que invadas sus mentes con una comprensión y una percepción que los transforme y dirija sus pensamientos y acciones. Llénalos de sabiduría para tomar decisiones correctas cuando estén despiertos. En el nombre de Jesús, amén (Pr. 3:24; 16:3; Heb. 4:12).

Nada es imposible para el Dios todopoderoso. Usted se sorprenderá de toda la intervención divina disponible tanto para usted como para sus hijos cuando la busque y la pida en oración.

ESCRIBA SU ORACIÓN

Use este espacio para anotar los rasgos específicos del cielo que está pidiendo en oración para sus hijos, así como cualquier oración o versículo de las Escrituras que el Señor coloque en sus pensamientos mientras ora.

_____

_____

_____

_____

_____

_____

Capítulo 6

PROTEJA EL CUERPO, LA MENTE, EL ALMA Y EL ESPÍRITU DE SUS HIJOS

"Envió su palabra y los sanó; los arrebató de las puertas de la muerte. Que alaben al Señor por su gran amor y por las obras maravillosas que ha hecho a favor de ellos".
—Salmo 107:20–21, NTV

EN ESTE CAPÍTULO, traigo oraciones para niños que necesitan sanidad. Son oraciones dirigidas a niños que presentan problemas de atención y aprendizaje o de comportamiento, autismo, confusión de identidad, ansiedad, depresión, pensamientos suicidas y trastornos mentales. Si a su hijo le diagnosticaron algún tipo de enfermedad mental o si observa rasgos de comportamiento inusuales, quiero que entienda que mi propósito no es negar el diagnóstico profesional. Solo quiero abrir su entendimiento para que con fe y ánimo pueda orar de manera poderosa y específica a fin de destruir la raíz de toda enfermedad, desorden, mal comportamiento, confusión y ataque mental del enemigo, hasta revertir el diagnóstico dado por los médicos y especialistas.

Las siguientes estadísticas le darán una idea de los estragos que está causando la falta de padres en muchos hogares a lo largo de los Estados Unidos, así como de las peligrosas tendencias que están teniendo lugar en nuestra sociedad. Si hay alguna duda de que el divorcio deja cicatrices profundas y duraderas, fíjese en las alarmantes estadísticas proporcionadas por Fatherhood.org: uno de cada cuatro niños en los Estados Unidos vive con la ausencia de un padre en el hogar. Eso se traduce en 19 millones de niños estadounidenses que viven sin su padre biológico, padrastro o padre adoptivo. Los niños en los hogares sin padre:

- Tienen cuatro veces más probabilidades de ser pobres.
- En el caso de las niñas, son siete veces más propensas a quedar embarazadas durante la adolescencia.
- Tienen dos veces más probabilidades de abandonar la escuela secundaria.
- Tienen dos veces más probabilidades de sufrir obesidad.[1]

Además, Fatherhood.org afirma que los niños en hogares sin padre tienen más probabilidades de enfrentar abuso y negligencia, experimentar problemas de conducta, consumir drogas y alcohol, cometer delitos e ir a prisión.

Además de la depresión, los trastornos de ansiedad son las enfermedades de salud mental más comunes en los jóvenes. Los trastornos de ansiedad pueden incluir fobias, trastorno obsesivo-compulsivo, ataques de pánico, ansiedad social y estrés postraumático. Se estima que el 10 por ciento de los adolescentes pueden sufrir uno o más de estos padecimientos.[2]

Se puede diagnosticar depresión cuando alguien tiene al menos cinco de los siguientes síntomas:

- Desorden del estado de ánimo, desesperanza y desconfianza.
- Pérdida del apetito o apetito excesivo.
- Trastornos alimentarios que se vuelven intratables.
- Impaciencia, inquietud.
- Agotamiento, cansancio.
- Sentimientos e intentos suicidas.

- Incapacidad para pensar claramente, concentrarse o recordar detalles.
- Dolores de cabeza, corporales o contracciones constantes.
- Insomnio o demasiado sueño.
- Sentimientos constantes de tristeza e inquietud.
- Sentimientos de culpa, insignificancia e impotencia.
- Trastorno de ansiedad, trastorno de pánico y fobias.

Según diversos estudios, millones de niños en los EE. UU. sufren algún tipo de enfermedad mental grave que puede dificultar significativamente su vida cotidiana.[3]

¿QUÉ SÍNTOMAS PUEDE PRODUCIR UNA ENFERMEDAD MENTAL EN UN NIÑO?

Los síntomas pueden variar, dependiendo del tipo de enfermedad mental, pero entre los síntomas generales, están:

- Miedo y consternación constantes.
- Aislamiento de la familia y los amigos.
- Comportamiento extraño, errático.
- Disminución del cuidado, la higiene personal y la apariencia.
- Pérdida excesiva e inusual de tiempo a solas.
- Disminución significativa en las calificaciones o el rendimiento laboral.
- Pérdida de sentimientos, o emociones inapropiadas incontrolables.
- Arranques constantes de ira
- Un sentimiento de desconfianza hacia los demás.
- Pesadillas e insomnio.
- Falta de motivación
- Irritabilidad y agresividad constantes.
- Abuso de sustancias.
- Comportamiento hiperactivo.[4]

ADVERTENCIA CONTRA LA CRISIS DE IDENTIDAD QUE AFECTA A ESTA GENERACIÓN

Tal vez su familia no está lidiando con la crisis de identidad o confusión de género que existe actualmente en el mundo, pero debo advertirle que este se ha convertido en un grave problema entre muchas familias, incluidas las familias cristianas. Es posible que sus hijos no hablen sobre este tema, pero ellos son muy conscientes de lo que está sucediendo a su alrededor. Nuestros jóvenes están siendo engañados vilmente por el enemigo, que está haciendo todo lo posible por distraerlos para que no alcancen su destino en Cristo Jesús.

Esta crisis de identidad puede manifestarse en forma de inseguridad, temor, rechazo, duda e infelicidad. El enemigo usará todas estas emociones para confundir la identidad propia como hombre o mujer. La Palabra de Dios es muy clara: "Y creó Dios al hombre a su imagen, a imagen de Dios lo creó; varón y hembra los creó" (Gn. 1:27); "Pero al principio de la creación, varón y hembra los hizo Dios" (Mr. 10:6).

Los padres deben tener claro que están en una guerra espiritual constante por las almas de sus seres queridos. Deben aprender a orar poderosamente y con un objetivo establecido. Pedirle al Espíritu Santo que les dé discernimiento para identificar lo correcto y lo incorrecto, así como para discernir la intrusión demoníaca cuando traten de atacar a sus hijos. Ciertamente, ellos enfrentarán muchas pruebas y desafíos por parte de sus compañeros y amigos, así que los padres deben estar preparados para enfrentar y desafiar cada mentira infernal. Deben recordar siempre que Dios no es el autor de la confusión sino de la paz (1 Co. 14:33).

Es imperativo que sus hijos tengan claro que Dios los ama y que ellos pertenecen a Él. Hábleles desde pequeños sobre el bien y el mal y sobre su identidad en Cristo Jesús. Asegúrese de enseñar a sus hijos pequeños los conceptos básicos de la Palabra de Dios. Recuerde que Proverbios 22:6 dice que debe instruir a sus hijos desde pequeños en el camino, para que cuando sean viejos, no se aparten de él. Este versículo promete que independientemente del camino por el que anden sus hijos, si usted los formó en los caminos del Señor, ellos no se apartarán de esa formación. ¡Alabado sea el Señor!

Es también fundamental que usted aprenda a depender diariamente del Espíritu Santo, para que aprenda a responder preguntas difíciles cuando surjan y a discernir la intrusión del enemigo en todo momento.

Lo más importante que puede hacer es enseñar a sus hijos la Palabra de Dios a una edad temprana. Llévelos a una iglesia que valore a los niños y que les presente siempre la Palabra de Dios en todas las formas posibles (lecciones de la escuela dominical, dramatizaciones, programas, formatos de entretenimiento, etc.), y asegúrese de que memoricen y recuerden las Escrituras. ¡La Palabra de Dios está viva y activa!

Si está pensando: *Ya hice todo eso, Sra. Delgado, pero mi hijo aún tiene un gran problema. Me dice que está deprimido, que se siente acosados por sus amigos, rechazado, molesto y confundido en cuanto a su identidad. ¿Qué puedo hacer?* ¡Busque ayuda! Encuentre un buen consejero. Hable francamente con su pastor. ¡No se cohíba! Pídale a Dios que dirija su camino. Actúe deliberada y valientemente. Si su hijo está luchando con un problema de identidad de género o con la homosexualidad, abra su Biblia y muéstrele pasajes que hablen de la sexualidad. No evite hablar del asunto.

LA IDENTIDAD DE SUS HIJOS EN CRISTO

Memorice cada una de las siguientes verdades y medite en ellas hasta que formen parte de su personalidad y la de sus hijos. También es efectivo colocar el nombre de sus hijos o nietos delante de cada una de ellas. Forme el hábito de repetir declaraciones de fe como estas todos los días. Por ejemplo: "¡Mi hija Kathy es hija del Dios vivo, y es heredera de Dios y coheredera con Cristo Jesús!". Esta práctica se convertirá en un ejercicio muy dinámico y efectivo. Estos son otros ejemplos de declaraciones que puede repetir sobre la identidad de sus hijos en Cristo:

- Mi hijo es hijo de Dios (Ro. 8:14–15).
- Mi hijo es heredero de Dios y coheredero con Cristo Jesús (Ro. 8:17).
- Mi hijo es santo y santificado en Cristo (1 Co. 1:2).
- Mi hijo ha sido justificado y redimido (Ro. 3:24).
- Mi hijo tiene la mente de Cristo (1 Co. 2:16).
- El Espíritu Santo mora en mi hijo (1 Co. 3:16; 6:19).
- Mi hijo está confirmado, ungido y sellado en Cristo (2 Co. 1:21–22).
- Mi hijo es una nueva creación (2 Co. 5:17).
- Mi hijo ha sido redimido y perdonado y tiene la sabiduría y la comprensión de Dios (Ef. 1:7–8).
- Mi hijo ha sido liberado del dominio de las tinieblas al Reino de Cristo (Col. 1:13).
- Mi hijo es hijo de la luz y no de la oscuridad (1 Tes. 5:5).
- Mi hijo es enemigo del diablo (1 P. 5:8).
- Mi hijo es amado por el Padre (1 Jn. 3:1).

NIÑOS QUE NECESITAN CURARSE MENTAL Y EMOCIONALMENTE

Muchos acontecimientos y situaciones que ocurren en la vida pueden destruir el corazón de un ser humano. Un divorcio, por ejemplo, puede ser una verdadera tragedia para un niño. Otras situaciones pueden causar un gran daño emocional en un niño, como el maltrato físico y mental, el rechazo, el abandono, un intento de aborto, el odio, o la muerte de un ser querido. Algunos niños nunca superan la angustia y el dolor que pueden generarle estas experiencias. Llegan a la adultez maltrechos e infelices hasta que reciben sanación e intervención divina.

No podemos poner en segundo plano el importante papel que juega el perdón en la sanidad de un corazón herido, especialmente de un niño o un joven. El amor y las oraciones poderosamente dirigidas son la medicina más efectiva para curar un corazón herido y roto. Habitúese a cubrir su familia, su mente, su hogar y sus propiedades con oraciones y declaraciones de fe todos los días, y aplique la poderosa sangre de Jesucristo sobre ellos.

Este es un consejo muy importante que yo practico tarde y noche diariamente. Es un hábito necesario, tal como alimentar el cuerpo e ir a trabajar. El enemigo siempre está buscando cristianos pasivos que no oren para poder privarlos de sus bendiciones. Además de orar, manifieste su amor diariamente con abrazos, besos, sonrisas y palabras de aliento.

Me doy cuenta de que he incluido bastante información en este capítulo, y es que creo que proteger la salud mental y emocional de los niños se está convirtiendo en un tremendo desafío para muchos padres. Continuamente recibo solicitudes de oración para niños inmersos en depresión y que experimentan pensamientos suicidas.

También creo que la Palabra de Dios está viva y activa, y que es poderosa para derribar fortalezas y liberar a sus hijos. Repase este capítulo y resalte las oraciones que siente que son para usted y que pueden ayudar a sus hijos a salir de la depresión y de los ataques del enemigo. Declare las siguientes oraciones todos los días sin dudar. Esto debe hacerlo de una manera decidida y con la determinación de permanecer firme en la Palabra de Dios. Su actitud le garantizará la victoria.

Para el bienestar físico, emocional y mental

Padre, te pido que toques los cuerpos, las mentes y los corazones de mis hijos. Declaro con fe que mis hijos pertenecen al Reino de Dios y que Satanás no podrá vencer en sus vidas. Gracias, Padre, por salvarlos de la destrucción y de una vida sin dirección. ¡Ninguna arma formada contra ellos prosperará, en el nombre de Jesús!

Señor Dios, tu Palabra nos aconseja a no estar ansiosos, sino presentar nuestras peticiones delante ti en oración con acción de gracias (Flp. 4:6–7). Te agradezco por darme tu paz y por mantener mi corazón y mis pensamientos a salvo durante este tiempo de grandes pruebas con mis hijos. Los presento delante de ti, con la seguridad de que escuchas mis oraciones y de que velas sus entradas y salidas. Tengo fe en que pronto abrirás una puerta para su sanidad y la completa restauración de toda enfermedad y ataque del enemigo contra sus vidas. Señor, tu Palabra dice que todos los que padecían dolencias —los afligidos por diversas enfermedades y tormentos, los poseídos por demonios, los epilépticos y los paralíticos— eran traídos a ti, y tú los sanabas (Mt. 4:24).

Creo en mi corazón que aún escuchas las peticiones y oraciones de tus hijos y que, así como las escuchas, estás listo para sanarnos. Te agradezco la sanidad de mis hijos. Los presento delante de ti y oro con la certeza de que los sacarás de la tierra del enemigo completamente restaurados.

Enséñame, Espíritu Santo, a mantener mi ancla en la Palabra y no permitir que mi fe se debilite. En el nombre de Jesús, ato a todo espíritu de rebelión y confusión en mis hijos, y declaro que todo velo caiga de sus ojos. En el nombre de Jesús, ¡amén!

Para la aflicción

Querido Padre, tu Palabra declara que cuando los justos claman, el Señor los escucha y los libra de todos sus problemas y que Jehová está cerca de los quebrantados de corazón y los salva, y protege todos sus huesos para que ninguno de ellos se rompa (Sal. 34:17–20).

Contra las enfermedades mentales

Amado Padre, tu Palabra declara que Jesús sanaba a los que eran atormentados por demonios, y que se iban con una mente sana (Lc. 8:35). *Yo me pongo en la brecha por mis hijos, y te agradezco por tocar y sanar sus mentes y liberarlas de toda enseñanza falsa e influencia diabólica. Padre, tu Hijo Jesús derramó su sangre en la cruz del Calvario para liberarnos de todo pecado, enfermedad y ataque del enemigo. Padre, gracias por la autoridad y la potestad que nos has dado de pisotear y derrotar a los espíritus malignos y, sobre todo, sobre el poder del enemigo. Nada nos hará daño de ninguna manera* (Lc. 10:1). *En el nombre de Jesús, ordeno a cada espíritu maligno que salga y suelte a mi ser amado. Gracias, Padre, por este milagro.*

Contra las pesadillas

Señor Jesús, tú eres el Príncipe de paz. Oro para que cubras a mis hijos con tu protección y envíes tus ángeles a acampar alrededor de ellos para que no sufran ningún daño ni sean acosados por espíritus malignos. Los libero de todo tormento causado por malos sueños y pesadillas, y declaro tu Palabra en el Salmo 4:8: "En paz me acostaré, y asimismo dormiré; porque solo tú, Jehová, me haces vivir confiado". En el nombre de Jesús, ordeno a todos los espíritus malignos dejar a mis hijos y mi hogar. Reclamo la victoria y permanezco en la fe, creyendo la Palabra de Dios en Proverbios 3:24: "Cuando te acuestes, no tendrás temor, sino que te acostarás, y tu sueño será grato". Gracias, Padre eterno, por esta gran promesa.

Contra el miedo

Padre, te agradezco porque sé que tus ángeles defienden y acompañan a mis hijos en todos sus caminos. No temeré al mal, y en el nombre de Jesús estoy en la brecha, confiando en que la paz de Dios guardará sus corazones y protegerá sus cuerpos y sus mentes. Como su Palabra declara: "El ángel de Jehová acampa alrededor de los que le temen, y los defiende" (Sal. 34:7).

Para la preocupación y ansiedad

Padre, creo que tus promesas son verdaderas y cubren a todos tus hijos. Tu Palabra declara que mantendrás en perfecta paz a aquel cuya mente permanece en ti porque confía en ti (Is. 26:3). Te pido que llenes el corazón de mis hijos con tu paz y que los ayudes a confiar completamente en ti. En el nombre de Jesús, expulso todo espíritu de preocupación y ansiedad del corazón de mis hijos. Tu Palabra declara: "No nos ha dado Dios espíritu de cobardía, sino de poder, de amor y de dominio propio" (2 Tim. 1:7).

Para la enfermedad

Señor, tu Palabra declara que tú sanas todas nuestras enfermedades y redimes nuestras vidas de la destrucción. Jesús fue herido y afligido; tomó nuestras enfermedades y sufrió nuestros dolores, y por sus heridas fuimos sanados. Agradezco este sacrificio tan inmenso, y creo y confieso tanto mi sanidad como la sanación de mis hijos, en el nombre de Jesús (Sal. 103:1–5; Is. 53:4–5; Mt. 8:17).

Para las enfermedades crónicas

En el nombre de Jesús, ato y expulso todo espíritu de enfermedad que ataque los cuerpos de mis hijos. Libero el poder curativo de Jesucristo para que toque los cuerpos de mis hijos en este momento. Por la sangre derramada de Jesucristo, creo que mis hijos han sido sanados (Is. 53:5). Gracias, Dios eterno, por este maravilloso regalo. En el nombre de Jesús, amén.

Cuando un hijo se desvía

Padre mío, creo lo que dice tu Palabra en 2 Timoteo 1:7: "Porque no nos ha dado Dios espíritu de cobardía, sino de poder, de amor y de dominio propio". Protege mi corazón de todo espíritu negativo, Dios mío, mientras permanezco firme en tu Palabra y en tus promesas. Declaro y creo firmemente que veré a mis hijos regresar del campamento del enemigo. En el nombre de Jesús, ato todo espíritu mentiroso que opere en sus vidas, y libero la verdad de Dios y el espíritu de comprensión para que tome sus mentes y transforme sus corazones.

Gracias, Padre santo, por levantar intercesores a favor de mis hijos y enviar ángeles para que ministren sus vidas. Gracias por los milagros que veré. En el nombre de Jesús, ¡amén!

Dios todopoderoso, me mantengo firme en las palabras de aliento que me das en Isaías 41:10, donde me animas a no tener miedo porque estás conmigo, a no desanimarme porque eres el Dios que me fortaleces y fortaleces a mis hijos. Siempre nos ayudarás y nos sostendrás con tu diestra poderosa. Gracias por esta gran promesa para mis hijos, aunque estén fuera de tu redil en este momento.

Declaro con fe que mis hijos pertenecen al Reino de Dios y que el enemigo no podrá esclavizarlos. Aplico la sangre de Jesucristo sobre ellos y te agradezco, Padre amado, por tu protección y tu dirección en sus vidas. Gracias por los poderosos ángeles guerreros que los cuidan. Tengo fe en que pronto los veré totalmente sanados y salvos. En el nombre de Jesús, ¡amén!

Para protegerlos de toda palabra negativa pronunciada sobre ellos

Querido Padre, te pido en el nombre de Jesús que mis hijos despierten al conocimiento y la comprensión del poder liberador de Jesucristo. Te pido que los salves de todas las maldiciones y planes del enemigo para destruir sus mentes y su llamado.

Padre, tu Palabra declara en el Salmo 107:20 que enviaste tu Palabra y los sanaste y los libraste de la ruina. ¡Creo esta promesa para mis hijos! Por fe lo declaro hecho y me niego a dudar o a decir que son una causa perdida. Creo en el poder sanador de la sangre de Jesús y en tu Palabra. Creo que mis hijos son herederos del reino de Dios. En el nombre de Jesús, ¡amén!

En caso de confusión de género o en su sexualidad

Querido Señor, ayuda a mis hijos a permanecer plenamente conscientes y totalmente convencidos de la identidad de género que Dios les dio en base a su género biológico al nacer. Ayúdalos a huir de toda inmoralidad. Aplico la sangre de Jesús sobre ellos y declaro que mis hijos pertenecen a Dios. En el nombre de Jesús, ¡amén!

Amado Padre, por favor ayuda a mis hijos a no dejarse engañar o cegar por el enemigo y a comprender que los que se entregan a la inmoralidad y a las prácticas sexuales fuera del matrimonio, incluyendo la fornicación y el adulterio, o que practican la homosexualidad, no heredarán el Reino de Dios. (1 Co. 6:9–10).

Que te honren con su cuerpo, porque tú los creaste y los compraste a un precio muy alto.

Cubro a mis hijos con la sangre de Jesucristo y ato los planes de destrucción del enemigo. Gracias, Abba Padre, por darme paz y decisión para nunca dudar de tu Palabra. En el poderoso nombre de Jesucristo, ¡amén!

Oración por la salud de sus hijos

Realice con alguien o en compañía de la Palabra de Dios esta oración por sus hijos.

Dios Padre, vengo con un corazón decidido ante tu presencia. Hago esta oración en concordancia con tu Palabra [o conjuntamente con la persona que le acompaña en oración], y traigo Isaías 53:5 a tu memoria: "Mas Él herido fue por nuestras rebeliones, molido por nuestros pecados; el castigo de nuestra paz fue sobre Él, y por su llaga fuimos nosotros curados".

Padre, creo que Jesús pagó el precio por la sanación y restauración de mis hijos. Padre, tu Palabra dice que la oración de fe salvará al enfermo y que el Señor lo levantará. Y si ha cometido pecados, recibirá tu perdón (Stg. 5:15). También prometes en Éxodo 15:26 que eres el Señor que nos sana. ¡Me levanto contra las aflicciones y los ataques del enemigo contra el cuerpo de mi hijo/a, y declaro restauración y sanidad total en su cuerpo en este momento en el nombre de Jesús! ¡Por fe, declaro su sanación! En el nombre de Jesús, creo que el cuerpo de mi hijo/a es sanado. Creo que él/ella se ha sanado de [nombre de la enfermedad específica]. Establezco esta realidad en el nombre de Jesús. ¡Amén!

Oración para la sanidad y restauración de toda la familia

Ore conmigo para declarar sanidad para toda su familia.

Querido Padre, creo que las heridas de Jesús nos sanan y liberan de toda opresión demoníaca. Muchos nos apoyamos en este momento tu Palabra, creyendo en la curación milagrosa, la liberación y restauración de los miembros de nuestra familia.

Muchos estamos ahora sufriendo de dolor, otros con depresión, otros con la preocupación de asuntos pendientes, otros con el hogar desecho, otros experimentando una profunda soledad, otros con niños heridos y maltratados, otros con adicciones sexuales y otros esperando respuestas específicas a sus oraciones.

Señor, me uno a ellos, recordando tu Palabra infalible y tus promesas infinitas. Reprendo toda enfermedad y opresión demoníaca y ordeno a los espíritus de la enfermedad, los padecimientos, el miedo, el tormento y el abuso, que en el nombre de Jesús liberen a las personas que están leyendo esta oración ahora mismo. Me dirijo a su sistema inmunológico y ordeno a las células rebeldes que mueran y a nuevas células sanas que tomen control de la situación.

Me dirijo a sus mentes y corazones para que reciban sanidad. Padre, te agradezco por sanar a cada persona que me está acompañando en este momento en oración para recibir sanación y restauración. En el nombre de Jesús, ¡amén!

ESCRIBA SU ORACIÓN

Use este espacio para anotar las necesidades mentales o emocionales de sus hijos y las oraciones o los versículos de las Escrituras que el Señor coloque en su mente al orar por ellos.

_____

_____

_____

_____

_____

_____

_____

Capítulo 7

NEUTRALICE LOS ATAQUES DEL ENEMIGO

"También debes saber esto: que en los postreros días vendrán tiempos peligrosos".
—2 Timoteo 3:1

E STA GENERACIÓN ESTÁ siendo sacudida como hojas secas en el viento y como olas incontrolables en el mar. Las mentes de nuestros niños están siendo infiltradas por las últimas modas y estilos de vida incontinentes.

En Jueces 2 podemos encontrar los resultados que obtuvo una generación que no cumplió con su responsabilidad de comunicar la Palabra de Dios a sus hijos: decadencia espiritual, moral y social. Hoy, estamos presenciando los efectos de lo que la Biblia llama "los pecados de los padres". La Palabra de Dios dice en Números 14:18 que el Señor es misericordioso y perdona la iniquidad y el pecado cuando hay arrepentimiento y perdón genuinos. Pero el pecado que no ha sido confesado y perdonado continúa pasando de generación en generación. Cuando un padre cristiano se presenta ante Dios y se arrepiente y recibe el perdón de Dios, entonces se rompe la maldición y las bendiciones comienzan a fluir.

Muchos padres cristianos e iglesias no les hablan a los niños sobre los peligros que bombardean sus hogares. Estamos perdiendo muchos niños a través de plataformas de redes sociales y programas de televisión que erigen un altar de admiración a la promiscuidad, la rebelión y el suicidio como una forma de salir de los problemas sin consecuencias. Películas y videojuegos llenos de invocaciones y conjuros demoníacos que siembran en nuestros jóvenes desprecio por las cosas santas y por Jesucristo son ahora ampliamente aceptados.

El enemigo usa las redes sociales bajo un plan muy elaborado que mantiene cautivas las mentes de los adolescentes y nuestros jóvenes, interrumpiendo la comunicación, la unidad y el tiempo en familia. Este estilo de vida solo conduce a una baja autoestima, ansiedad, desilusión y falta de ambición para hacer las cosas que son realmente importantes.

¡Es tiempo de despertar! Hay una gran urgencia de servir a Dios, de educar a nuestros hijos y de cubrirlos con oraciones poderosas que protejan sus corazones. Debemos estar atentos como padres a hacer lo que sea necesario para defender a nuestros hijos de los ataques del enemigo. En este capítulo, traigo ejemplos poderosos de cómo declarar las palabras de las Escrituras como protección contra los planes malignos y las artimañas del enemigo.

ORACIONES PARA NEUTRALIZAR LOS ATAQUES DEL ENEMIGO

Cuando el enemigo siembra dudas

La Palabra dice que si le hablo a una montaña y en el nombre de Jesús le ordeno que se mueva, esta se moverá. Por la fe creo que nada es imposible para mí. Mi hijo no verá ninguna duda o incredulidad en mi vida (Mt. 17:20).

Señor, por favor, perdona mi incredulidad y ayuda a mis hijos a nunca dudar de ti. Ayúdalos a permanecer firmes, creyendo en tu Palabra. Dado que caminamos por fe y no por vista, tengo la convicción de que mis hijos tomarán la decisión de caminar por fe. Gracias, Espíritu Santo, por tu ayuda mientras mis hijos aprenden a vivir por fe. En el nombre de Jesús, amén (Mt. 14:31; 2 Co. 5:7; Gl. 5:5).

Cuando el enemigo produce insomnio

Padre, tú prometes que si mantengo tu Palabra delante mis ojos y la guardo en mi corazón, será vida y salud para toda mi carne (Pr. 4:20–22). Cuando nos vayamos a dormir, no tendremos miedo y nuestro sueño será tranquilo. Creo esta promesa para mi familia y para mí, por lo tanto, ordeno que el insomnio y la inquietud se vayan en el nombre de Jesús (Pr. 3:1–2, 24; Is. 57:2).

Cuando el enemigo genera peligros y miedo

Dios mío, creo que tus ángeles están rodeando a toda mi familia para defendernos. Mis hijos no temerán porque tú nos das autoridad sobre todo el poder del enemigo. En el nombre de Jesús, ordeno que el miedo se aparte de mis hijos, y te agradezco por la paz que domina sus corazones (Sal. 34:7).

Cuando el enemigo produce pereza y distracción en sus hijos

Padre, dame fuerzas para recuperar la vitalidad y la energía y para mantener mi atención enfocada. Renuncio a las obras del enemigo y declaro que mis hijos no serán perezosos ni holgazanes. Declaro que estamos libres de la maldición de la ociosidad (de la pereza) en el nombre de Jesús. Amén (Pr. 6:6–11).

Cuando la derrota de su familia pareciera inminente

Señor, confío en tu Palabra, con la seguridad de que cuando el enemigo planee derrotar a mis hijos, correrás como una inundación, aplastarás al enemigo y convertirás la derrota de mis hijos en una victoria. Tú los haces triunfar y obtener la victoria en Cristo Jesús. Gracias por sustentarlos durante estas circunstancias adversas y difíciles. En el nombre de Jesús, amén (Is. 59:19).

Cuando el enemigo trae escasez y carencias a su hogar

Padre, me arrepiento de todo lo que hice o dejé de hacer que haya causado carencias y escasez en la vida de mis hijos. Enséñame, Espíritu Santo, cómo poner en acción el principio de sembrar y cosechar. En el nombre de Jesús todopoderoso, me libero de esta maldición de escasez y pobreza para que no se repita en la vida de mis hijos, y te pido sabiduría y comprensión para administrar debidamente, en obediencia a la Palabra de Dios. Mi Dios suplirá todas mis necesidades y las necesidades de mis hijos, conforme a tus riquezas en gloria en Cristo Jesús (Flp. 4:19).

Cuando el enemigo hace que sus hijos se preocupen o estén ansiosos

Padre, guarda los corazones de mis hijos y protégelos en tu perfecta paz. En el nombre de Jesús, expulso toda preocupación y ansiedad de sus mentes y corazones. Mis hijos confiarán en ti, Señor. Tú no les diste un espíritu de miedo, sino poder, amor y una mente sana. Gracias por esta promesa, en el nombre de Jesús (Is. 26:3; Flp. 4:6–7; 2 Tim. 1:7).

Cuando el enemigo trae oposición a la vida de sus hijos

Padre, tu Palabra declara que ninguna arma forjada contra mí prosperará y que condenarás toda lengua que se levante contra mí. Declaro esta promesa sobre mis hijos y toda mi familia. Gracias por esta promesa (Is. 54:17).

Cuando el enemigo produce dudas sobre el amor de Dios

Amado Padre, gracias por tu regalo de amor. Mientras mis hijos aún eran pecadores, Cristo derramó su sangre por ellos. Gracias por este maravilloso amor que se ha derramado en sus corazones y que continúa sosteniéndolos (Ro. 5:8–9).

Cuando el enemigo planta semillas de odio y resentimiento

Señor, perdóname por albergar sentimientos de odio y resentimiento cuando alguien ofende a mis hijos o a mí. Me arrepiento, y te pido que tengas misericordia de mis enemigos. Tu Palabra declara que el odio despierta rencillas, pero el amor cubre todas las faltas. Enséñame a cubrir a todos, tanto dentro como fuera de mi hogar, con amor. Gracias por abrir mi comprensión espiritual para poder ser un ejemplo de perdón y no de odio ante mis hijos.

Declaro que este espíritu no tiene la autoridad para controlar mi vida o mi hogar (Pr. 10:12).

Cuando el enemigo produce cansancio y desánimo

Padre, gracias porque tu Palabra dice que tú vigorizas a los cansados y aumentas las fuerzas de los que no las tienen. Cuando mis hijos están cansados, los haces volar con alas como de águila. Declaro que el desaliento no tendrá control sobre nuestro hogar (Is. 40:29–31; Heb. 12:3).

Cuando hay un problema de dominio propio en la familia

Padre, me arrepiento de mis excesos y de la falta de moderación en mi vida. Tu Palabra dice que una persona sin dominio propio es como una ciudad derribada sin muros. Gracias por ayudarme a ejemplificar ante mis hijos hábitos saludables que glorifican y honran tu nombre, al tiempo que nos ayudan a sentirnos mejor y a vivir vidas más largas y saludables (Pr. 23:2; 25:28; Ro. 14:17).

Cuando alguien en la casa tiene tendencias suicidas.

Padre, tú formaste a mi hijo en el útero con un propósito y un destino definidos. Satanás viene a robar, matar y destruir, pero tú vienes a dar vida en abundancia. Declaro que mis hijos te pertenecen y que ningún arma forjada contra ellos prosperará. En el nombre de Jesús, ato el espíritu del suicidio y lo expulso de mi vida y de la vida de mis hijos. Gracias, Espíritu Santo, por tu ayuda y protección. Acojo con satisfacción la paz y el amor de Dios en nuestros corazones. Amén (Is. 54:17; Jn. 10:10).

Cuando el enemigo planta las semillas de la codicia y la envidia

Padre, ayuda a mis hijos a ser conscientes de que tú eres el que satisface nuestras necesidades y que nada de lo que tenemos proviene de nuestro propio esfuerzo o habilidad. Todos los recursos de la tierra te pertenecen. Ayuda a mis hijos a sentirse satisfechos y no ser tentados por el amor al dinero o el deseo de ser ricos. Declaro que mis hijos buscarán al Señor y no les faltará nada de todo lo bueno (Sal. 34:10; Hg. 2:8; 1 Tim. 6:8–10).

Cuando el enemigo hace surgir sentimientos de desesperanza

Señor, gracias por llenar a mis hijos de esperanza, gozo y paz, para que abunden en la esperanza por el poder del Espíritu Santo (Ro. 15:13).

Cuando el enemigo tienta a su hijo con deseos carnales o impuros

Padre, pido al Espíritu Santo que ayude a mis hijos a vencer todas las tentaciones. Libéralos de todos los hábitos aprendidos que no te honran. En el nombre de Jesús, llevo cautivos todos los pensamientos malvados que invaden sus mentes a la obediencia a Cristo (2 Co. 10:5; Gl. 5:19–21; Ef. 5:3–7).

Ayúdalos, Espíritu Santo, a proteger sus pensamientos y deseos. "Porque del corazón salen los malos pensamientos, los homicidios, los adulterios, las fornicaciones, los hurtos, los falsos testimonios, las blasfemias. Estas cosas son las que contaminan al hombre" (Mt. 15:19–20).

Cuando el enemigo planta las semillas del orgullo y la vanidad

Señor, protege el corazón de mis hijos del orgullo y sus ojos de la altanería y la arrogancia. Ayúdalos a fundamentar su confianza en su identidad en Cristo y no en su aspecto o sus habilidades. Aparta sus ojos de lo inútil y lo vano, y enfócalos en tus caminos y tus preceptos (Is. 2:11; 16:6–12; Ez. 28:17; Sal. 119:37).

En su lucha contra la naturaleza pecaminosa

Señor Jesús, gracias por la nueva naturaleza que les has dado a mis hijos. Ellos no son los mismos. Gracias por llenar sus vidas

con misericordia, bondad, humildad, gracia y paciencia. Ayúdalos a no desear las cosas del pasado, sino a entregarse a ti, Señor.
Amén (Ro. 6:6; Efe. 4:22–32; Col. 3:1–14).

Para resistir la tibieza

*Dios eterno, ayuda a mis hijos a permanecer firmes y ser halla-
dos fieles, no tibios; y a que se entreguen completamente al Reino de Dios* (1 Co. 4:2; Ap. 3:16).

Para superar la desesperación y la angustia

*Padre, en este momento de desesperación y angustia, ayuda a
mis hijos a no dejar de ser valientes. Ayúdalos a encontrar fortaleza en ti y a confiar en ti, y en la sombra de tus alas, deja
que se refugien en ti hasta que pasen las tormentas* (1 S. 30:6;
Sal. 57:1).

Cuando el enemigo planta semillas de corrupción

*Padre, te agradezco por no permitir que la vida de mis hijos
termine en la tumba, ni permitir que tus siervos fieles sufran
corrupción* (Sal. 16:10).

Cuando se experimenta una muerte en la familia

*Gracias, Padre, porque sorbida es la muerte en victoria a través
de nuestro Señor Jesucristo, quien tiene las llaves de la muerte
y el Hades, y porque mis hijos tienen la maravillosa promesa de
que quien crea en Él no perecerá, sino que tendrá vida eterna*
(Jn. 3:15; 1 Co. 15:54–57; Ap. 1:18; 20:14).

Contra las mentiras del enemigo

*Señor, protege las mentes de mis hijos para que no crean las
mentiras del enemigo. Tu Palabra declara que ninguna arma
forjada contra ellos prosperará, y condenarás toda lengua que se
levante contra ellos en juicio* (1 R. 22:19–23; Is. 54:17; Ap.
21:8; 22:15).

Para que no presenten actitudes de envidia, crítica e impaciencia

Señor, no permitas que una mala actitud invada el corazón de mis hijos, lo cual haría que tu bendición se alejara de ellos e impidiera que la sanidad se manifestara rápidamente. Permite que la paciencia realice su perfecto trabajo para que sean perfectos y cabales, sin que les falte nada (Is. 58:8–9; Gl. 5:19–21; Ef. 4:31; Col. 3:5–8; Stg. 1:3–4).

Contra la brujería y sus obras

Dios mío, si alguna adversidad en la vida de mis hijos es causada por brujería u ocultismo, ya sea de mi propio pasado o heredado de mis antepasados, me arrepiento de ello ahora, y te pido que perdones todos mis pecados e iniquidades. Ato todos los espíritus demoníacos involucrados, y ordeno que salgan de mi vida y de la vida de mi familia. Libero el poder sanador de Dios y decreto una restauración completa de todo lo que el enemigo me ha robado, en el nombre de Jesús. Amén (Éx. 22:18; Lv. 19:31; 20:6; Dt. 18:10–12; Nah. 3:4).

Contra las profecías falsas

Espíritu Santo, te pido que concedas a mis hijos sabiduría y discernimiento para poder diferenciar entre las falsas profecías y las profecías propias del Espíritu de Dios. Enséñales a probar si los espíritus son de Dios, ya que muchos falsos profetas han venido al mundo (Mt. 7:15–23). *Tu Palabra declara: "Todo espíritu que confiesa que Jesucristo ha venido en carne, es de Dios; y todo espíritu que no confiesa que Jesucristo ha venido en carne, no es de Dios; y este es el espíritu del anticristo, el cual vosotros habéis oído que viene, y que ahora ya está en el mundo"* (1 Jn. 4:1–6).

Contra los ataques malignos o demoníacos

Gracias, Padre, porque gracias a que Jesús derrotó al diablo en la cruz del Calvario, el diablo no tiene parte en la vida de mis hijos. Eres fiel para protegerlos del maligno. El diablo fue expulsado del cielo, y afirmarás a mis hijos y los guardarás de todo mal (Gn. 3:15; Is. 27:1; 2 Tes. 3:3; Ap. 12:7–9).

Contra la idolatría

Señor, la orden para tus hijos es clara: "No tendrás dioses ajenos delante de mí. No te harás imagen, ni ninguna semejanza de lo que esté arriba en el cielo, ni abajo en la tierra, ni en las aguas debajo de la tierra. No te inclinarás a ellas, ni las honrarás; porque yo soy Jehová tu Dios, fuerte, celoso, que visito la maldad de los padres sobre los hijos hasta la tercera y cuarta generación de los que me aborrecen" (Éx. 20:3–5).

Padre, si mi familia ha transgredido este mandamiento, ayúdanos a discernir todas las cosas que podrían considerarse ídolos y que nos roban nuestro tiempo y nuestro amor por ti. Gracias, Espíritu Santo, por tu ayuda (1 Co. 10:19–20; Ap. 9:20).

Contra el espíritu del error

Padre, tu Espíritu dice claramente que en los últimos días algunos se apartarán de la fe, escuchando espíritus engañadores y doctrinas de demonios. Estas doctrinas emanan de la hipocresía de mentirosos, cuya conciencia está marcada con el hierro de sus malas acciones. Ayuda a mi familia a discernir entre el espíritu de verdad y el espíritu de error (1 Tim. 4:1-2)

Para anular pactos secretos con el diablo o con la muerte

Padre, si en algún momento se ha llegado a un pacto secreto con el diablo o con la muerte contra mi persona o mi linaje, apelo a la sangre de Jesús, y anulo todo pacto o acuerdo que se haya hecho contra nosotros, ya sea en la ignorancia o intencionalmente. En el nombre de Jesús, me declaro libre y declaro libres a mis hijos de toda maldición contra nosotros (Is. 28:17–18).

Cuando hay tristeza

Gracias, mi Señor, porque eres la fortaleza y defensa de mis hijos. Porque conviertes su tristeza en alegría. Curas su espíritu afligido. Ellos no se entristecerán, porque la alegría del Señor es su fortaleza. Mantendrán un corazón alegre porque es como un buen remedio (Neh. 8:10; Pr. 17:22).

Si sigue las enseñanzas y consejos de este libro, su vida y las vidas de sus seres queridos cambiarán y se transformarán. Usted protegerá su corazón y el corazón de sus hijos. ¡A Dios sea la gloria!

ESCRIBA SU ORACIÓN

Use este espacio para anotar las situaciones familiares por las que está orando, así como los versículos de las Escrituras que el Señor coloque en su mente mientras ora.

_____

_____

_____

_____

_____

_____

_____

_____

_____

_____

_____

Capítulo 8

DERRIBE LAS FORTALEZAS
EN SU HOGAR

"Pues aunque andamos en la carne, no militamos según la carne;
porque las armas de nuestra milicia no son carnales, sino poderosas
en Dios para la destrucción de fortalezas, derribando argumentos
y toda altivez que se levanta contra el conocimiento de Dios, y
llevando cautivo todo pensamiento a la obediencia a Cristo".
—2 Corintios 10:3–5

EL Espíritu del Señor, el Sanador que vive en nosotros, está restaurando y renovando hoy todo aquello que está fuera de lugar, si por fe lo creemos. No podemos permitir que la ansiedad, la depresión, la enfermedad y las circunstancias adversas nos roben nuestra alegría y nuestras promesas de bendición. Toda adversidad debe convertirse en un trampolín que nos lleve más alto en Cristo Jesús.

En el capítulo anterior, compartí oraciones eficaces para proteger y sanar a sus hijos física, mental y emocionalmente. Si usted está practicando estas oraciones, pero aún no ha presenciado ningún cambio, no se desanime. Continúe orando fielmente. Sin embargo, cuando un problema familiar persistente continúa a pesar de las oraciones, a veces se trata de un problema arraigado más profundamente. A este problema más profundo se le conoce como fortaleza del enemigo, maldición generacional o espíritu familiar. Pero, independientemente de cómo se llame, es un problema profundamente arraigado que ha permanecido en una familia durante años y continúa repitiéndose en un patrón destructivo generación tras generación. Es posible que se necesiten oraciones más específicas que lleguen a la raíz del problema para ver a su familia libre de este tipo de fortalezas.

En este capítulo le enseñaré a romper esa clase de patrones familiares profundamente arraigados que podrían ser la causa del problema de sus hijos. También le enseñaré cómo orar por los niños que se encuentran en situaciones serias, como rebelión o adicciones, y por los niños pródigos que no viven para Dios.

Las Escrituras son dinámicas y poderosas para destruir y derribar fortalezas, maldiciones y toda clase de mala actitud y comportamiento. Las fortalezas del enemigo contra usted y sus hijos son muy reales, pero la Palabra dice que tenemos armas poderosas. Al usar la Espada del Espíritu (la Palabra de Dios) con sus palabras, sus pensamientos y su corazón, podrá llevar a cabo sus oraciones con confianza. Por eso me pareció fundamental preparar su corazón y su mente al comienzo de este libro. Al usar la Palabra de Dios en su boca, mente y corazón, estará destruyendo fortalezas y desarmando a los espíritus malignos que luchan contra las vidas de sus hijos.

LA IMPORTANCIA DE ROMPER EL CICLO

Jeremías 32:18 dice: "Muestras un amor inagotable a miles, pero también haces recaer las consecuencias del pecado de una generación sobre la siguiente. Tú eres el Dios grande y poderoso, el Señor de los Ejércitos Celestiales" (NTV). Este versículo nos enseña una verdad asombrosa: los pecados de los padres se transfieren a los hijos. La Palabra es clara en que Dios castiga los pecados de los padres en sus hijos. Únicamente cuando un padre arrepentido se coloca en la brecha de sus hijos y rompe las maldiciones heredadas los niños pueden ser libres. Pero mientras estén vinculados a la maldición de los padres, el comportamiento negativo y disfuncional seguirá apareciendo durante muchas generaciones.

Los padres son los que establecen raíces que desarrollarán el carácter y el comportamiento de los hijos. Cuando un padre o madre muestra disposición de cambiar y llevar a cabo oraciones específicas para anular maldiciones, pecados y costumbres que no agradan a Dios, la familia comienza a presenciar cambios significativos en el comportamiento, la atmósfera del hogar y las relaciones personales.

Lo que es válido sobre el pecado también lo es sobre el daño emocional. Cuando un niño se siente herido emocionalmente en sus relaciones familiares, su comportamiento y carácter se ven afectados de una manera adversa y negativa. Es necesario mostrar un corazón compasivo hacia las personas afectadas emocionalmente, pero también debemos tener cuidado como padres de no lastimar a nuestros hijos y causar cambios negativos en su carácter y comportamiento. Esto no significa que debemos ceder al pecado, sino que debemos ser compasivos y ayudarlos a sanar.

Si como padre aún necesita sanar de las heridas del pasado, mi deseo es que este libro le ayude a sanar completamente a través de sus consejos y oraciones. Declárelas sobre usted y sobre sus hijos, ya que, de no hacerlo, las maldiciones continuarán pasando de padres a hijos. Es vital que rompa las maldiciones y fortalezas del pasado en su familia, pero solo orando de esta manera logrará los resultados deseados.

Espíritu Santo, en este momento necesito tu sabiduría, comprensión y protección para esta poderosa oración.

Querido Padre, te pertenezco y quiero servirte con todo mi corazón. Me entrego a ti y me coloco en la brecha por mi familia. Perdóname por todo aquello que detiene mi libertad en Cristo Jesús y evita que disfrute de todas tus promesas. Limpia mi mente y mi corazón de todas las enseñanzas erróneas y falsas doctrinas que pueden haber afectado mi comportamiento.

Te pido perdón por cada palabra que he pronunciado en la ignorancia que ha causado alguna maldición sobre mi familia y sobre mí. Perdóname y líbrame de todo pensamiento y deseo maligno. Elimina toda relación y compromiso que vaya en contra de tu voluntad en mi vida, y perdona todo acto perverso e inmoral cometido contra mi cuerpo. Rompe todas las maldiciones que hayan sido transferidas a través de la sangre de mis padres, abuelos o antepasados; cada espíritu inmundo y espíritu de rechazo; y todas las enfermedades y padecimientos heredados de la sangre de mis padres, abuelos y antepasados.

Querido Padre, perdóname y libérame de las maldiciones de la pobreza, la ignorancia, la vergüenza y la condenación; de los espíritus de la muerte y el aborto; de las maldiciones arraigadas en actos de brujería y votos secretos en mi familia y mis antepasados. En el nombre de Jesucristo, reprendo, rompo y disuelvo toda maldición, hechizo y pacto secreto, todos los poderes de encantamiento y hechicería, y cada plan y estrategia de Satanás contra mí y mi familia, por parte de mis parientes de ambos lados de mi familia, hasta diez generaciones en el pasado.

Libero a mis hijos, a mi persona y a mi familia, de todos los espíritus malignos conectados y relacionados con personas o prácticas ocultas. Te pido, Padre celestial, que los devuelvas al lugar de donde fueron enviados y que las maldiciones recaigan sobre ellos.

Hoy me entrego por completo a tu señorío y me consagro para servirte y obedecer tu Palabra. Transforma mi corazón y mi mente. Ayúdame a ser fiel y dedicado a mi familia y a mis votos matrimoniales. Te agradezco por esta gran liberación en mi vida y en mi familia. Somos libres en el poderoso nombre de Jesús. ¡Amén!

ORACIONES Y DECLARACIONES PODEROSAS PARA DERRIBAR FORTALEZAS

Es muy importante que demostremos nuestra fe y amor por Dios. Jesucristo es nuestro Salvador, y Él nos sana de todos nuestros sufrimientos y tribulaciones. Nuestros hijos han de ver el amor de Dios en el hogar sin hipocresías ni dobles caras.

Tantos padres se la pasan hoy en día ocupados trabajando o metidos en las redes sociales que apenas se dan cuenta de quién ha estado alimentando los corazones y las mentes de sus hijos. Medite en esto antes de que sea demasiado tarde. Aparte tiempo para sus hijos. Hágales preguntas. Admire algo en ellos todos los días. Aprenda a dejar de criticarlos, aunque sienta un gran deseo de hacerlo.

Declare la identidad de sus hijos en Cristo Jesús por fe (vea el capítulo 6) y no por lo que ve externamente (su apariencia o sus acciones). ¡Declare que son hijos del Reino de Dios y que Satanás no puede dominarlos! Un niño que sea desafiante y rebelde lo que necesita es amor, afecto y oraciones poderosas. Póngase en concordancia con la Palabra de Dios, reprendiendo todas las dudas, miedos, ansiedades e ira. He aquí algunos ejemplos de oraciones que ayudarán a lograr estos objetivos.

Contra la rebelión

Padre eterno, mis hijos están perdidos y sin tu protección y dirección; pero Señor, tus promesas nunca cambian. Yo reprendo las obras del enemigo en la vida de mis hijos y, en el nombre de Jesús, arremeto contra las fortalezas del enemigo que atacan a mi familia. Emprendo contra todos los espíritus malignos que mantienen a mis hijos atados, confundidos, llenos de incredulidad e indispuestos a entregar sus vidas a la voluntad de Dios.

Gracias, Señor, por tu promesa en Mateo 16:19 de que todo lo que atemos en la tierra será atado en el cielo, y todo lo que desatemos en la tierra será desatado en el cielo. Ato entonces los planes malvados del enemigo de interferir en mi familia y en las vidas de mis hijos. Tal como dice en el Salmo 91, pido a los ángeles del cielo que los carguen en sus manos. Te pido que derrames tus bendiciones y tu gracia sobre mi familia y que hagas que mis hijos obren siempre según tu voluntad durante su vida.

Declaro que mis hijos y mi familia te servirán. Padre, creo que me mantendré firme en tu libertad y que no me enredaré con el yugo de la esclavitud, como dice Gálatas 5:1. Gracias por liberarnos y redimirnos con la sangre de Jesús. En el nombre de Jesús, amén.

Contra las agresiones y la ira

Señor, necesito tu dirección y sabiduría para poder orar decididamente a fin de que mis hijos rompan todo yugo de rebelión y desobediencia. En el nombre de Jesús, emprendo contra las obras del enemigo y el espíritu de agresión y enojo que pretende invadir e influir en sus vidas. Ato todos los planes del enemigo y cada asignación satánica que pretenda controlar sus vidas. En el nombre de Jesús, expulso cada espíritu asignado por el enemigo para generar rebelión y odio en mis hijos. En el nombre de Jesús, libero la paz y el amor transformador de Dios para que entren en el corazón de mis hijos y liberen sus vidas de cada fortaleza del enemigo.

Amado Padre, ayúdame a tener paciencia y ser un ejemplo de tu amor. Que cuando abra mi boca salga sabiduría, y que cuando no deba hablar la mantenga cerrada. Gracias por toda tu ayuda y dirección divina. Gracias por el escudo protector que mantienes alrededor de mi familia. Declaro que ningún ataque o arma forjada contra mis hijos triunfará. Creo que todos los miembros de mi familia son herederos de tu Reino. En el poderoso nombre de Jesús, amén.

Las adicciones

Conozco a padres cuyos hijos e hijas han estado entrando y saliendo de centros de rehabilitación y recuperación durante años. A pesar de ello, como padres responden rápidamente a las necesidades de sus hijos y los llevan a cuantos centros de rehabilitación sea necesario con la esperanza de un milagro.

La persistencia es esencial. Su determinación de actuar y sus oraciones decididas podrían ser lo único que marque la diferencia.

Tal vez usted ha luchado con los poderes de la oscuridad durante tanto tiempo, que ya siente que la lucha le agobia. Tal vez ha llorado tanto que ya no tiene más lágrimas que derramar. Le han robado la alegría y, si existe la felicidad, en el mejor de los casos esta yace en su pasado lejano.

Este tipo de batallas tienen la capacidad de poner su vida patas arriba mientras usted se encuentra en el proceso de lucha con su hijo rebelde. Tal vez usted ya no se reconoce a sí mismo ni a la persona en la que se ha convertido. El diablo ha distorsionado su vida, su hogar y sus relaciones. Y en todo caso, es posible que ya hasta actúe como sus hijos perdidos y enloquecidos.

Usted debe ser persistente para mantener su vida equilibrada y apartar tiempo para la felicidad y la alegría. Yo entiendo el estrés y la intensa preocupación que puede generar tener a un hijo en prisión, en juicio, o en una constante entrada y salida de centros de rehabilitación; pero la vida continúa, y usted también. Sus otros hijos merecen tener padres saludables, y su cónyuge también necesita su pareja amorosa.

No permita que haya conflictos continuos en su hogar por culpa de un niño rebelde y descarriado. Este tipo de ambiente genera un espíritu de disputa, convirtiendo su hogar en un infierno lleno de conflictos. Estos espíritus de conflicto drenarán su familia de civilidad, fe y felicidad.

Cuénteles a sus hijos su decisión y manténgase firme. He conocido a padres que toleran el peor comportamiento de un hijo pensando que su tolerancia es una muestra de aceptación.

La vida es un viaje en el que ocurren cosas inesperadas, muchas de las cuales no podemos controlar. Pero sí podemos decidir no permitir que nada nos robe la felicidad, opaque nuestra alegría o nos robe la paz.

La paz de Dios sobrepasa todo entendimiento. Permita que la alegría de Dios llene su vida y su corazón vacíos. Use la autoridad que Dios le dio para detener los truenos y relámpagos provocados por los gritos y reclamos de su hijo. Luego, permita que el Príncipe de paz entre en su hogar y despeje las nubes, lo cual es su especialidad.

Dios no tiene días malos, ni está demasiado ocupado para hacer brillar la luz de su amor sobre usted. Él desea traer gozo y alegría a su corazón cansado.

Mi madre dedicó muchos años de oración e intercesión a dos de sus hijos adolescentes que habían desbaratado sus vidas por la adicción a las drogas. Estos niños se criaron en un hogar dividido con un padre que se apartó de Dios e ignoró completamente a sus hijos. Mi bella madre nunca se rindió. Cuando todo parecía imposible, ella se acrecentaba en fe, amor y oración. Aunque mis dos hermanos murieron demasiado jóvenes debido a los efectos de la adicción a las drogas, sus otros siete hijos fueron resguardados por su ejemplo y sus poderosas oraciones. Actualmente, algunos de sus hijos adultos están involucrados en el ministerio y en el servicio al Señor, y otros se convirtieron en profesionales y dueños de negocios. ¡No se rinda! Jamás deje de orar de manera específica y poderosamente por ellos. Recuerde que "para Dios no hay nada imposible" (Lc. 1:37, NVI).

Padres, sus hijos son más importantes que sus amigos y conocidos. Invierta su amor, tiempo y dinero en ellos, y no se arrepentirá.

Muchos se van a la cama en las noches preguntándose cómo podrán enfrentar otro día escalando la misma montaña que escalaron el día anterior. ¿Cuánto tiempo durará esta situación? No olvide, sin embargo, que la batalla continuará hasta que gane o se dé por vencido.

Usted ganará importantes batallas que cambiarán la balanza a su favor. Pero una batalla no es la guerra, y no puede abandonar la lucha hasta que sus hijos perdidos estén seguros en los brazos de Jesús.

Yo sé que es así. Una vez que su hijo entrega su vida a Jesús, el dolor y la angustia de la batalla se disipan con la victoria gloriosa, aunque no entendamos cómo ocurre. Nunca sabemos qué tan cerca podemos estar de la victoria final, así que nunca debemos rendirnos y tirar la toalla.

Si tiene miedo, si suspira más de lo que canta, si el deseo de su corazón es acercarse más a Dios, pero se siente desesperanzado en su lucha, el Señor le dará su amor, su gracia y su favor. No tenga miedo de creer.

No permita que Satanás marche hacia su corazón, su hogar y su mente para tomar el control. En el nombre de Jesús, levántese, reprenda las fuerzas del infierno y comience a celebrar una fiesta de alabanza. Dios está en su trono, y se agrada de usted.

Comience a declarar algunas de estas oraciones efectivas con autoridad. Llévelas a donde vaya. Declárelas en la fe. Crea en su corazón que sus hijos están libres de toda esclavitud y adicciones. Permita que el Espíritu Santo le ayude. ¡Nunca se rinda!

Este consejo para padres con hijos adictos me lo dio un muy respetable ministro del evangelio de más de ochenta años, el cual sufrió enormemente con su hija adicta a las drogas y la prostitución, dejándolo a cargo de sus dos pequeños nietos hasta que se hicieron adultos. Él presenció la mano misericordiosa de Dios obrar milagros y rescatar a su hija del infierno. Aunque me pidió que no le diera el crédito ni mencionara su nombre, sé que Dios está permitiendo que usted sea sanado a través de su consejo. Siga intercediendo y orando por sus hijos adictos y descarriados. Dios está muy al tanto de sus oraciones, ¡y protegerá a sus hijos!

Protección contra sustancias adictivas

Señor, confío en que mis hijos son herederos del Reino de Dios, y tengo la seguridad de que mis oraciones en la fe tienen un efecto divino y duradero en sus vidas. Te pido que les des sabiduría para tomar decisiones correctas en cada situación en la que tengan que elegir entre el bien y el mal. Mantenlos alejados de toda sustancia adictiva y dañina que pueda cruzarse en su camino. Gracias, porque el temor del Señor es su fortaleza. En el nombre de Jesús, amén.

Para resistir la tentación y la presión de grupo

Querido Dios, por favor, ayuda a mis hijos a resistir la tentación de involucrarse en cualquier tipo de abuso de sustancias y drogas usadas por cualquiera de sus amigos o que estén fácilmente disponibles para ellos. Rescátalos del mal, como nos enseñaste a orar. Ayúdalos, querido Espíritu Santo, a repeler y saber en su corazón que cualquier forma de adicción los esclavizará y perderán las bendiciones de Dios para sus vidas. Gracias, Padre, por tu manto protector alrededor de ellos y por tus ángeles que los protegen y evitan todas las tentaciones. En el nombre de Jesús, amén (Lc. 11:4; Os. 2:6; Sal. 91:11–12).

Oración para romper el espíritu de adicción

Señor, creo que tu Palabra poderosa puede liberar a mi hijo de todas las adicciones y ataduras del enemigo. En el nombre de

Jesús, reprendo a los espíritus que lo mantienen atado. Ato a los espíritus malignos de la adicción y los expulso en este instante en el nombre de Jesucristo. Libero la paz y el poder sanador de Dios para restaurarlo. Gracias, Señor, por traer a mi hijo a su sano juicio y enseñarle que puede resistir al diablo. En el nombre de Jesús, creo que mi hijo está libre de todas las adicciones y enfermedades. Gracias, Espíritu Santo, por morar en su corazón en el proceso de sanidad y transformación. En el nombre de Jesús, amén (Stg. 4:7; Sal. 50:15; Flp. 4:13).

ORACIÓN POR LOS HIJOS PRÓDIGOS

Mi esposo John es el mayor de cuatro hermanos y una hermana. Todos fueron criados en un hogar cristiano, ya que su padre era un pastor prominente en Brooklyn, Nueva York, en una de las iglesias pentecostales hispanas más grandes del lugar para ese momento. Su padre, sin embargo, siempre estaba tan ocupado con su congregación, que casi no pasaba tiempo de calidad con sus hijos.

Su madre era una mujer de oración que dedicaba tiempo a sus hijos y que aprendió a ocultar los problemas que surgirían en la escuela y el hogar porque conocía los regaños y las palizas que podrían ocasionar. Tres de los hijos comenzaron a consumir drogas en la adolescencia, muriendo dos de ellos muy jóvenes.

Mi esposo se libró de caer en las drogas porque era el mayor y desde joven tuvo un trabajo que realmente le gustaba. Yo recuerdo algunas de las oraciones concretas que esta maravillosa madre hizo por sus hijos. Mi suegra estaba continuamente en la brecha, en comunicación constante con Dios, repitiendo una promesa de la Palabra: "Cree en el Señor Jesucristo, y serás salvo, *tú y tu casa*" (Hch. 16:31, itálicas añadidas).

Oró durante catorce años, recordándole a Dios la promesa de que su hogar (su familia) también se salvaría, hasta que finalmente sus hijos pródigos comenzaron a regresar del campamento del enemigo. Todos se salvaron de la condenación eterna y, aunque dos murieron muy jóvenes por los efectos de las drogas, murieron salvos.

Actualmente, dos de ellos mantienen ministerios exitosos a tiempo completo. Uno pastoreó una iglesia grande durante muchos años y, antes de retirarse, tuvo el honor de pasarle la batuta a su hijo, que la llevó al siguiente nivel con un éxito extraordinario.

Para Dios todo es posible, así que si usted cree en Él, verá la recompensa. Si queremos caminar con Dios, debemos estar de acuerdo con Él, declarando y creyendo lo que dice su Palabra. *¡Manténgase en la brecha orando decididamente por sus hijos todos los días!*

Esta madre devota aprendió a permanecer en la brecha todos los días. Hizo de ello un hábito cada mañana, al igual que lavarse los dientes. Sus oraciones dinámicas, concretas y llenas de la Palabra protegieron las vidas y las almas de sus hijos. Nada es imposible para Dios, pero Él necesita que pongamos nuestra fe en acción. Declare y crea esta oración:

> *Declaro con fe que mis hijos son herederos del Reino de Dios. Señor, me mantengo firme en la promesa que nos diste en Hechos 16:31, creyendo en tu Palabra. Te agradezco, padre, porque sé que aunque mis hijos pasen por el valle de la sombra de la muerte, no temeré, porque tú cuidas sus caminos. Te agradezco por este consuelo, en el poderoso nombre de Jesucristo, amén.*

No se desanime. Es posible que no siempre entienda lo que está sucediendo en una situación particular, pero Dios es fiel y puede confiar en Él. "Para siempre es su misericordia, y su verdad por todas las generaciones" (Sal. 100:5).

PASAJES PARA DECLARAR SOBRE SUS HIJOS PRÓDIGOS

Los siguientes pasajes los puede declarar en sus propias palabras. Son promesas de Dios para sus hijos pródigos.

"Y estableceré mi pacto entre mí y ti, y tu descendencia después de ti en sus generaciones, por pacto perpetuo, para ser tu Dios, y el de tu descendencia después de ti".

—GÉNESIS 17:7

"Reprime del llanto tu voz, y de las lágrimas tus ojos; porque salario hay para tu trabajo, dice Jehová, y volverán de la tierra del enemigo. Esperanza hay también para tu porvenir, dice Jehová, y los hijos volverán a su propia tierra".

—JEREMÍAS 31:16–17

"Ciertamente el cautivo será rescatado del valiente, y el botín será arrebatado al tirano; y tu pleito yo lo defenderé, y yo salvaré a tus hijos".

—ISAÍAS 49:25

"Y todos tus hijos serán enseñados por Jehová; y se multiplicará la paz de tus hijos".

—ISAÍAS 54:13

"Y este será mi pacto con ellos, dijo Jehová: El Espíritu mío que está sobre ti, y mis palabras que puse en tu boca, no faltarán de tu boca, ni de la boca de tus hijos, ni de la boca de los hijos de tus hijos, dijo Jehová, desde ahora y para siempre".

—ISAÍAS 59:21

"Conoce, pues, que Jehová tu Dios es Dios, Dios fiel, que guarda el pacto y la misericordia a los que le aman y guardan sus mandamientos".

—DEUTERONOMIO 7:9

"Su descendencia será poderosa en la tierra; la generación de los rectos será bendita".

—SALMO 112:2

"Porque para vosotros es la promesa, y para vuestros hijos, y para todos los que están lejos; para cuantos el Señor nuestro Dios llamare. Y con otras muchas palabras testificaba y les exhortaba, diciendo: Sed salvos de esta perversa generación".

—HECHOS 2:39–40

"Para que seáis irreprensibles y sencillos, hijos de Dios sin mancha en medio de una generación maligna y perversa, en medio de la cual resplandecéis como luminares en el mundo".

—FILIPENSES 2:15

El siguiente es un ejemplo de oración que puede realizar con su hijo o hija cuando él o ella regrese al Señor:

Señor Jesús, te necesito en mi vida. Reconozco que he pecado y he sido desobediente contigo y con mis padres. Estoy dispuesto a cambiar mi vida desdichada y rebelde por tu regalo de salvación. Estoy dispuesto y listo a confiar en ti como mi Señor y Salvador. Gracias, Señor Jesús, por aceptarme como tu hijo. Confieso y creo que eres el Hijo de Dios y que moriste en la cruz y resucitaste para reinar para siempre. Gracias por limpiarme y perdonar todos mis pecados y darme el regalo de la vida eterna. Entra en mi corazón, Señor Jesús, como mi Señor y Salvador. Amén (1 Jn. 1:9; Sal. 51:1).

Escriba su oración

Use este espacio para anotar las situaciones en la vida de su hijo por las que está orando, así como cualquier versículo de las Escrituras que el Señor le recuerde mientras ora.

Capítulo 9

CRIANZA EN SOLTERÍA PODEROSA Y EFECTIVA

"Te guiaré por el mejor sendero para tu vida; te aconsejaré y velaré por ti".
—SALMO 32:8, NTV

HACE AÑOS, MI esposo y yo pastoreamos el ministerio de adultos solteros en la iglesia a la que asistíamos. El grupo era una mezcla de personas que nunca se habían casado, de divorciados y de padres solteros, y aprendimos algunas cosas importantes. Los problemas más urgentes los encontramos entre los padres solteros y divorciados que estaban lidiando con todo lo que conlleva la crianza diaria de los hijos.

Yo entiendo que este libro trata sobre cómo enseñarle a orar de manera poderosa y efectiva por sus hijos, y más adelante en este capítulo proporcioné algunos ejemplos de oraciones para familias monoparentales. Pero creo también que es urgente tener una visión crítica sobre su estilo de crianza y su capacidad de lidiar con ella, así como del efecto que tiene sobre usted y sobre sus hijos.

¿Hay paz en su corazón y en su hogar? ¿Se comportan sus hijos bien y están bien adaptados? ¿Está usted recibiendo ayuda espiritual y aliento de su iglesia local, y sus hijos reciben enseñanza bíblica y disfrutan de actividades divertidas en la iglesia?

Estas son preguntas importantes para reflexionar. Muchos podrán responder positivamente, pero otra buena parte está enfrentando grandes batallas, y el alimento espiritual es lo último en lo que piensan. Para sanar, es necesario entrar en un ambiente diferente. De hecho, aunque la decepción y el remordimiento nublen su mente todos los días, usted debe permitir que el Espíritu Santo, su Ayudador, comience un proceso de sanación en usted, o su situación nunca cambiará. Dios no le creó para enfrentarse solo a la vida (Jn. 14:26).

Permítame compartir con usted algunos de los consejos transformadores que les dimos a los padres solteros y divorciados, así como algunos los espectaculares cambios y transformaciones que presenciamos. Oro para que usted y sus hijos tengan esperanza y lleguen experimentar la plenitud. El aprendizaje, el crecimiento y aquello en lo que llegarán a convertirse, serán las mejores partes de su viaje.

- Conéctese a una iglesia buena, vibrante y feliz. Este es mi primer y más importante consejo. Dios puede hacer todas las cosas nuevas (2 Co. 5:17; Ap. 21:5). Pídale al pastor y su esposa que realicen con usted una oración de perdón y entrega, y que invoquen una bendición sobre usted y sus hijos. Pídales que recomienden a alguien que pueda convertirse en su compañero de oración y su mentor. Usted necesita a alguien en quien apoyarse y con quien compartir sus cargas (Gl. 6:2).

- Ore con sus hijos. No solo ore por ellos, sino enséñeles cómo orar para ser perdonados y para perdonar a otros, por sus comidas, al irse a la escuela, al irse a dormir, por sanación, por buenas calificaciones en la escuela, etcétera. Esto desarrollará la fe en sus hijos. "Y la oración de fe salvará al enfermo, y el Señor lo levantará; y si hubiere cometido pecados, le serán perdonados" (Stg. 5:15).

- Explique de manera específica y planificada sus instrucciones y su disciplina. Comuníqueles a sus hijos las consecuencias por no seguir las instrucciones y obedecer. No dé por sentado que sus hijos aprenderán todo en la escuela o en la guardería. Verbalice las instrucciones hasta que las entiendan. Premie el buen comportamiento y lidie con el mal comportamiento con disciplina física (Pr. 13:24).

- Usted siempre será el modelo real y más importante de comportamiento que sus hijos imitarán. Reflexione en este punto. No es tanto lo que usted dice, sino lo que hace, lo que influirá en sus vidas y comportamiento. Su meta siempre ha de ser depender de Cristo para todo. Como hijos de Dios, debemos vivir por fe y no por lo que vemos y sabemos. Permita que Dios todopoderoso restaure todo aquello que no está bien (Gl. 2:20).

- Desarrolle una mentalidad real. ¡Su Padre celestial es un Rey! Él los creó a usted y a sus hijos y, por lo tanto, ustedes forman parte de la realeza. ¡Imagínese con su corona y disfrutando de todas las bendiciones de Dios! Reflexione y piense en esto. Comience a actuar, pensar, hablar y orar como si fuera de la realeza, y verá como cambiará su mentalidad y sus deseos. ¡Enseñe a tus hijos a actuar como hijos de reyes! "Mas vosotros sois linaje escogido, real sacerdocio, nación santa, pueblo adquirido por Dios, para que anunciéis las virtudes de aquel que os llamó de las tinieblas a su luz admirable" (1 P. 2:9; véase también 1 S. 10:25).

- Deje de quejarse. Desarrolle una actitud positiva y edificante, manténgala constantemente, y verá cuán contagiosa es. Enseñe a sus hijos lo que dice la Biblia sobre nuestras palabras, ¡y practiquen hasta que lo dominen! Esto transformará sus vidas (Pr. 6:2; Mt. 12:37).

- Sea generoso con sus abrazos, besos y pequeñas sorpresas y celebraciones. Preste atención a las emociones y sentimientos de sus hijos.

- Aconseje a sus hijos. Protéjalos. Entre en sus mentes. Descubra qué los hace felices y tristes o qué los avergüenza. Enséñeles que todo lo que dejen entrar en su corazón echará raíces, crecerá y determinará su futuro. ¡Explíqueles cuán problemático es esto! "Por sobre todas las cosas cuida tu corazón, porque de él mana la vida" (Pr. 4:23, NVI).

- Hábleles sobre el sexo y la inmoralidad. No espere hasta que los amigos les hablen y los tienten. Comience mientras aún son jóvenes. Existen muchos recursos cristianos excelentes sobre este tema. Le aliento a investigar y pedirle al Espíritu Santo que le ayude (1 Co. 6:9–10).

- Ayude a sus hijos a desarrollar convicciones que permanezcan sólidas en sus corazones. Convicciones firmes conllevan reglas importantes, como no mentir, robar, engañar, consumir drogas, ser inmoral, odiar o flaquear. Enseñe a sus hijos a amar a Dios con todo su corazón. "Manantial turbio, contaminado pozo, es el justo que flaquea ante el impío" (Pr. 25:26, NVI).

- Encárguese del espíritu de la ira, el cual provoca que la persona actúe como si estuviera herida. Pídale al pastor que ore por usted y sus hijos si la ira se ha convertido en un problema serio. No permita que este espíritu le robe su gozo y bienestar (Ef. 4:26).

- Manténgase vigilante ante el espíritu de la depresión. Obtenga ayuda de inmediato, ya que puede producir comportamientos devastadores en usted y sus hijos. La depresión puede hacer que su espíritu se desmorone y que caiga en un pozo sin fondo (Sal. 143:7–8).

- Evite la inmoralidad sexual y la soledad, ya que podría terminar creyendo que se trata de sexo inofensivo o seguro. Manténgase siempre alerta. Proteja a sus hijos protegiéndose usted de todo pecado. No abra la puerta al enemigo (1 Co. 6:18).

- Rompa el dominio de las maldiciones generacionales, manteniendo su pureza y sirviendo a Dios con todo su corazón. Negarse a repetir todas las cosas pecaminosas en las que se ha involucrado en el pasado, abrirá la puerta a la protección de Dios y a todas sus bendiciones (Dt. 28:15–28).

- Mantenga su fe activa a través de declaraciones de fe tomadas de la Palabra de Dios y un devocional diario. Cuando realice su lectura diaria, personalice su declaración de fe. Yo uso estas, muy efectivas:

  ✟ Crea en mí un corazón puro, Señor, y renueva en mí un espíritu leal y comprometido (Sal. 51:10).

  ✟ Tengo la mente de Cristo, y puedo pensar con claridad (1 Co. 2:16).

  ✟ Dios me da las fuerzas para hacer todas las cosas (Flp. 4:13).

  ✟ Llevo cautivos todos los pensamientos negativos a la obediencia a Cristo (2 Co. 10:5).

  ✟ Gracias, Dios mío, porque en Cristo todas tus promesas para mí son "sí", por lo que puedo decirte amén y darte gloria (2 Co. 1:20).

✢ Alabo a Dios porque somos sanados por las heridas de Jesús y el castigo que Él sufrió por mí (Is. 53:5).

✢ La Palabra de Dios está viva y activa en mí, transformando mi vida y la de mi hijo (Heb. 4:12).

✢ Señor, tú eres mi Roca, mi Libertador, mi castillo, mi fortaleza y mi salvación. No tendré miedo (Sal. 18:2).

✢ Gracias, Espíritu Santo, por darme sabiduría, conocimiento y comprensión (Pr. 9:10).

- Establezca una rutina para hábitos importantes. Las comidas, la tarea, la hora de acostarse y la higiene son actividades que deben programarse a la misma hora todos los días. Cuando sus hijos saben qué esperar, seguir las reglas se convierte en un hábito. Además, una rutina consistente ayudará a sus hijos a sentirse más seguros y los ayudará a sentirse más organizados.

- Domine el tema de las finanzas. Mantener una familia con un solo ingreso o depender de un excónyuge para la manutención de los hijos puede ser uno de los aspectos más difíciles de la crianza de los hijos. Por eso, es importante tomar medidas para presupuestar su dinero, aprender sobre las inversiones a largo plazo, planificar para la universidad y la jubilación y, si es posible, aumentar su poder adquisitivo estudiando o recibiendo capacitación laboral adicional.

- Sea consistente con la disciplina. Si hubo un divorcio o separación, trabaje con su excónyuge para crear y mantener reglas y métodos de disciplina consistentes. No hay nada más estresante que tener a un padre que le robe la autoridad al otro. Si sus hijos tienen otros cuidadores, hable con ellos sobre cómo espera que sea disciplinados.

- Responda las preguntas honestamente. Inevitablemente surgirán preguntas sobre los cambios en su familia o sobre la ausencia de uno de los padres. Responda las preguntas de sus hijos de manera abierta, honesta y apropiada para su edad. Asegúrese de que reciban la ayuda y el apoyo que necesitan para lidiar con emociones difíciles.

- Trate a los niños como niños. Cuando falta uno de los padres, a veces es tentador depender demasiado de los niños en busca de seguridad, compañía o compasión. Pero los niños no tienen la capacidad emocional ni la experiencia de vida para actuar como sustitutos de los adultos. Si nota que depende demasiado de sus hijos o les expresa sus frustraciones con demasiada frecuencia, busque a amigos adultos y familiares, o busque asesoramiento, si es necesario.

- Elimine la palabra "culpa" de su vocabulario. Es fácil para una madre o padre soltero sentirse culpable por el tiempo que no tiene o por aquello que no puede hacer o proporcionar a sus hijos. Pero en función de su propia sensación de bienestar, es mejor que se concentre en todo lo que logra a diario y en todo aquello que les proporciona, sin mencionar todo el amor, la atención y el consuelo que les brinda (si en algún momento pone en duda sus logros diarios, simplemente haga una lista). Si se siente culpable por un divorcio por alguna otra interrupción en su vida familiar, intente unirse a un grupo de apoyo para padres divorciados. Concéntrese en ayudar a sus hijos (y a usted también) a obtener la ayuda que necesitan.

- Aparte tiempo para sus hijos. A pesar del tiempo que pueda quitarle las pilas de ropa y platos sucios, aparte tiempo cada día para disfrutar de sus hijos (después de todo, ¿no es precisamente de eso que se trata la crianza?) Pase un rato tranquilo jugando, leyendo, yendo a caminar, o simplemente escuchando música con ellos y, lo más importante, haga hincapié en el amor de Dios y en su relación como familia.

- Aparte tiempo para usted. Igualmente, es importante apartar tiempo para que lo dedique a usted. Aunque sea algo tan sencillo como leer un libro, tomar un baño caliente o conversar con amistades, reservar un poco de tiempo personal le dará la oportunidad de recargar sus energías.

- Mantenga una actitud positiva. Es fácil dejarse abrumar por todas las responsabilidades y demandas que implica criar solo a los hijos. Además de eso, usted puede estar experimentando el dolor del divorcio o la muerte de su cónyuge. A pesar de todos esos sentimientos, es importante mantener una actitud positiva, ya que sus hijos se verán afectados por su estado de ánimo. La mejor manera de lidiar con el estrés es hacer ejercicio de manera habitual, mantener una dieta adecuada, descansar lo suficiente y buscar el equilibrio en la vida. Si se siente triste, puede compartir algunos de sus sentimientos con sus hijos, pero explíqueles que ellos no son la causa de los problemas, y que los buenos tiempos están por llegar para todos.

CONSEJOS PARA LOS PADRES SOLTEROS

"Él [...] es escudo a los que caminan rectamente".
—PROVERBIOS 2:7

El divorcio y la separación generan muchas veces ira y rencores. Son situaciones traumáticas que provocan animosidad y emociones hirientes que causan aún más dolor y sufrimiento tanto para los padres como para los hijos. El padre debe aprender a sanar con su presencia y su fe. Esto les dará a los hijos afectados emocionalmente un ejemplo de amor palpable. Nunca deje de brindar y expresar cariño y abrazos. Esto salvará la vida de sus hijos e incluso podría restaurar la relación maltrecha. Deje un legado a sus hijos, a pesar de que sea imposible vivir con ellos. Pídale ayuda a Dios. Recuerde: "Sobre toda cosa guardada, guarda tu corazón, porque de él mana la vida" (Pr. 4:23).

A continuación, presento algunos consejos para una crianza saludable y efectiva. Le animo a leer y estudiar una lista ampliada en mi libro *Satanás, ¡mis hijos no son tuyos!*

- Un buen padre pasa tiempo con sus hijos.
- Haga todo lo que desearía que su padre hubiera hecho con usted durante su niñez.
- Un buen padre ama, apoya y cuida a su familia.

Padre soltero: su Padre omnisciente quiere revelarle su dirección divina y las actitudes que usted debe tomar en cada situación. El Salmo 32:8 (citado al comienzo de este capítulo) es una hermosa promesa del Padre. El Señor espera que usted busque su ayuda divina, y si lo hace en armonía con su voluntad, puede tener la seguridad de que Él lo escuchará y responderá a sus oraciones (1 Jn. 5:14–15).

ORACIONES EFECTIVAS PARA LA CRIANZA EN SOLTERÍA

Los siguientes ejemplos de oración son para su preparación y edificación personal. Estúdielas y póngalas en práctica en su vida y tendrán un efecto muy positivo en su vida de oración, así como en la forma en que usted cría a sus hijos.

Escriba algunas de ellas en tarjetas o en su teléfono celular y llévelas con usted en el automóvil o en su cartera para que pueda declararlas en cualquier momento. La Palabra de Dios está viva y activa, y es poderosa para destruir todas las fortalezas y adversidades.

Petición al Espíritu Santo

Espíritu Santo, enséñame cómo pensar, cómo hablar con sabiduría, cómo procesar mis pensamientos, qué decir en público y qué mantener en privado. Enséñame, Espíritu Santo, cómo aprovechar el tiempo y no desperdiciarlo con pensamientos frívolos e inútiles. Ayúdame a lograr cosas extraordinarias, honorables e importantes. Ayúdame a tener la atención puesta en mi familia, ni a subestimar un pedido de ayuda urgente o de atención personal. Enséñame a discernir el peligro y los ataques del enemigo. Gracias por enseñarme y ayudarme. En el nombre de Jesús, amén.

Para la limpieza del corazón

Amado Padre, purifica mi corazón de todo lo que pueda dificultar mi relación íntima contigo. Enséñame cómo dejarme dirigir por el Espíritu Santo y cómo escuchar su voz durante mis devocionales. Quiero permanecer libre de toda esclavitud y patrones de pensamiento que dificulten mi crecimiento espiritual. Muéstrame las cosas ocultas que no te agradan. Quiero servirte en Espíritu y en verdad todos los días de mi vida. Quiero que mis hijos aprendan la importancia de caminar y actuar con integridad y lealtad. Gracias mi Señor.

Por el padre de sus hijos

Amado Dios, quiero tener el amor que tú sientes por el padre de mis hijos. Ayúdanos a perdonarnos por los problemas pasados y permite que podamos ayudarnos mutuamente. Ayúdanos a cooperar para poder criar y educar a nuestros hijos en el temor y el amor de Dios. Ayúdanos a nunca dejar pasar la oportunidad de amarlos y bendecirlos. Bendigo la mente y el corazón del padre de mis hijos. Bendigo sus entradas y salidas. Protege su vida de todos los peligros y artimañas del enemigo. Haz que su corazón siempre se incline hacia ti y tu Palabra. Gracias, Padre, por todas tus promesas y las bendiciones que nos das.

Para ser un ejemplo para mis hijos

Amado Padre, permite que yo pueda dirigir a mis hijos en el temor de Dios. Quiero ser un ejemplo de tu amor y compasión. Ayúdame a madurar y prestar más atención a lo que digo. Permite que mis hijos siempre me pidan consejos y confíen en mí. Abre mis ojos espirituales para saber cuándo el enemigo está perturbando y robando la paz de mi hogar. Enséñame, Espíritu Santo, a orar con sabiduría y entendimiento. Llena mi boca con palabras que estén saturadas de tu amor. En el nombre de Jesús, amén.

Para perdonar

Querido Padre, ayúdame a perdonar. No quiero ser un esclavo de espíritus que fomenten sentimientos de rechazo y tristeza debido a la falta de perdón. Quiero igualmente mantenerme libre para poder liberar a mi familia de estos espíritus malignos. En el nombre de Jesús, perdono a todo el que me haya ofendido y lastimado (nombre a las personas que perdona y declare que ya no están en su corazón y que está libre de toda condenación). Ruego esto en el poderoso nombre de Jesucristo. ¡Amén!

Sabiduría para administrar el hogar y las finanzas

Abba Padre, dame sabiduría y comprensión para tomar decisiones inteligentes en el hogar. Muéstrame a través de tu Palabra cómo manejar las finanzas y cómo hacer inversiones que produzcan todo lo que mi familia necesita.

Ayuda en el estudio de la Palabra

Espíritu Santo, ayúdame a estudiar la Palabra y retener sus enseñanzas. Abre mis ojos, mi corazón, mis oídos y mi mente para recibir tu sabiduría y comprensión al leer y estudiar, porque tus palabras son vida y medicina para todo mi cuerpo y para toda mi familia. Tu Palabra declara en Proverbios 4:20–22:

"Hijo mío, está atento a mis palabras; inclina tu oído a mis razones. No se aparten de tus ojos; guárdalas en medio de tu corazón; porque son vida a los que las hallan, y medicina a todo su cuerpo".

Por la intervención del Espíritu Santo

Señor, pongo a mis hijos delante de ti, con la seguridad de que tu Espíritu Santo obrará en sus corazones para que puedan conectarse contigo en todas sus decisiones. Señor, deseo que mis hijos tengan un encuentro personal contigo para que sus vidas se transformen y puedan bendecir a otros con tu amor y tu presencia. Espíritu Santo, ayúdalos a que te conozcan personalmente y acudan a ti en busca de ayuda, sabiduría y amor. Enséñeles que te conozcan como su Guía, Maestro, Amigo y Consejero. En el nombre del Padre, del Hijo y del Espíritu Santo, amén.

Oración de entrega y discernimiento

Me entrego a ti, Señor y Salvador. Lo que más deseo es crecer y madurar en tu Palabra. Quiero llenarme de tu Espíritu para discernir cuándo el enemigo está tratando de introducir su carácter y rebelión en mis hijos. Quiero orar poderosamente en concordancia con tu Palabra, renovando mi mente todos los días, evitando que pensamientos tentadores y malignos tomen posesión de mi mente. Quiero ser un ejemplo que mis hijos puedan emular a medida que crecen. Quiero ser una bendición para mis hijos. Ayúdame, Espíritu Santo, en este empeño. Mi corazón está listo para unirse a este ejército de guerreros espirituales bajo tu bendición y apoyo diario. Me entrego por completo a tu cuidado, protección y provisión. En el nombre de Jesucristo, ¡amén!

Oración personal por los padres

Señor, declaro que eres el restaurador de mi vida y el que me ayuda y me dirige en todo lo que hago. Elijo no recibir los pensamientos y sentimientos que el enemigo intente colocar en mi mente. Me mantengo firme contra las trampas del enemigo y acepto los planes que tú tienes para mi familia y para mí.

"Porque yo sé los pensamientos que tengo acerca de vosotros, dice Jehová, pensamientos de paz, y no de mal, para daros el fin que esperáis" (Jer. 29:11). Te agradezco Padre, porque sé que aunque mis hijos puedan pasar por el valle de la sombra de la muerte, no temeré, porque tú los observas y diriges sus caminos. Gracias por esta seguridad.

Nuestros hijos necesitan nuestro apoyo, amor, admiración y atención constantes para superar todos los ataques del enemigo. Durante los años que tenemos ministrando a padres solteros, mi esposo y yo hemos descubierto que muchos padres solteros y divorciados están agotados, por ejemplo, por tener que lidiar con sus horarios de trabajo y las horas de la guardería; o se mantienen distraídos por problemas emocionales que, sin darse cuenta, hacen que sus hijos sufran una falta de atención y de formación cuando más lo necesitan.

Si usted está criando en soltería, es importante que dedique tiempo a interactuar con cada uno de sus hijos individualmente y escuchar sus vivencias, quejas, preguntas y comentarios. Felicítelos y prémielos cuando alcancen metas, reciban buenas calificaciones en la escuela, hagan su tarea o se ofrezcan a ayudar en la casa. Y no olvide reprenderlos cuando fallan o son negligentes.

La aprobación y la admiración aumentan la autoestima y hacen que sus hijos sientan que su ayuda y obediencia son importantes. Lo opuesto sería el rechazo, o cuando un niño nunca recibe admiración o gratificación por sus esfuerzos y sus logros.

En estos casos, los niños o adolescentes se sienten aislados y, con el tiempo, es posible que muestren una falta de interés en sus estudios y encuentren formas de desobedecer, con el único propósito de atraer la atención de sus padres. Este es el motivo por el que muchos adultos jóvenes terminan fallando en todo lo que hacen. Busque algo que admirar en sus hijos, aunque no le nazca hacerlo. Con el tiempo, aprenderá a ver sus asuntos con los ojos y el corazón de Dios.

Consejos para los padres que están pensando divorciarse

¿Está su matrimonio al borde del divorcio? Por favor, lea este mensaje de una esposa y madre desesperada llamada María.

Iris, tengo metido en mi mente el pensamiento de que no amo a mi esposo. Sé que Dios odia el divorcio y que está mal, pero este pensamiento no me deja en paz. Mi esposo es un buen hombre y él no merece esto, ni tampoco mis dos preciosos hijos. Ellos jamás lo entenderían porque mi esposo y yo nunca peleamos.

La comunicación es parte del problema. Siempre he reprimido mis sentimientos. Ahora finalmente estoy aprendiendo a expresarme y decir lo que necesito. Soy consciente de que los sentimientos son muy impredecibles y no se puede confiar en ellos. Sé que, si cedo ante ellos, el enemigo habrá logrado su plan. Yo no quiero ceder a estos sentimientos, pero una parte de mí sí quiere, solo para tener algo de paz. Sé que parte de esto es una batalla espiritual.

El problema es que le creo al diablo más que a Dios. ¡Estoy en una posición muy triste! Hace unos años, compré su libro Satanás, ¡mi matrimonio no es tuyo! Y estoy a punto de leerlo de nuevo. Necesito consejos.

Mi respuesta:

Querida María, el hecho de que esté buscando mi ayuda es un indicativo de que Dios está muy interesado en usted y en su familia. El enemigo está librando una fuerte guerra contra usted. Un espíritu diferente ha entrado sigilosamente en su mente, ya sea por palabras que le han dicho, o por usted misma, o por algo que ha permitido que entre en su mente.

Por favor haga un inventario de todo lo que hizo que esa clase de sentimientos comenzaran. Si en realidad es falta de comunicación, siéntese con su esposo y comience a comunicar sus sentimientos, sin condenarlo ni acusarlo.

Empiece a hacer algunas de las cosas que recomiendo en mi libro sobre el matrimonio. Estas recomendaciones realmente funcionan. Pídale al Espíritu Santo que la ayude a convertirse en una esposa y madre amorosa y afectuosa.

Por favor, no piense que la estoy atacando, pero muchas veces para resolver un problema, tenemos que comenzar con nosotros mismos. Satanás quiere destruir su matrimonio y sus hijos. Si lo permite, podría terminar sintiéndose peor que cuando estaba casada. Créame, Satanás no quiere bendecirla con un matrimonio mejor con otro esposo.

¿Por qué Dios odia el divorcio? Si busca Malaquías 2:16, donde Dios dice: "Yo aborrezco el divorcio" (NIV), y continúa leyendo, encontrará el motivo por el cual lo hace: "Al que cubre de violencia sus vestiduras".

El divorcio produce violencia, crueldad, odio, indisposición a perdonar, pensamientos suicidas, pesadillas, venganza, desobediencia, vergüenza, inferioridad, rechazo, condena y muchas, muchas otras emociones negativas. Todo esto e incluso más, afecta a millones de hijos del divorcio, así como al cónyuge afectado.

Recientemente, entré en una casa embargada que estaba en venta. Cuando entré en lo que en algún momento fue la habitación de un niño, me angustié cuando comencé a leer algunas frases que estaban escritas en las paredes: "Destruiste nuestras vidas", "Nos abandonaste", "¿Por qué te fuiste?", "Por favor regresa", "¿Qué pasó con nuestra familia feliz?", "¡Te odio!".

María, por favor no permita que el enemigo la ciegue. Busque ayuda. Busque a alguien en la iglesia que ore con usted (una persona madura en Dios).

¡Cualquier cosa que esté haciendo para estimular el deseo de divorciarse, por favor pare de hacerla! Encuentre maneras de cambiar su situación con alegría y paz. Involucre a sus hijos. Planifique actividades divertidas con su esposo. Pídale a Dios que la perdone y la limpie de todo espíritu inmundo. Cúbrase con la sangre de Jesús y pídale a su esposo que ore por usted.

Empiece a mostrar admiración, y notará cuán contagioso es. Su marido lo notará. Algunas veces, es posible que un esposo no sea muy expresivo ni muy comunicativo porque no ha disfrutado de una relación verdaderamente amorosa en el hogar. Dios le dará la sabiduría necesaria para ayudarlo a acercarse a usted, pero borre la idea del divorcio de su mente.

Dios eterno, te pido que le des sabiduría a María y a su esposo para que puedan ver cómo el enemigo está buscando destruir a su familia. Por favor, dales fuerza para mantenerse firmes y tomar decisiones sabias. Abrázalos con tu amor. Abre sus ojos espirituales y acércalos mutuamente. En el nombre de Jesús, reprendo al diablo por tratar de destruir este hogar. Libero la bendición de Dios en sus vidas. Gracias, Dios Padre, por tu gran misericordia hacia esta familia. En el nombre de Jesús, ¡amén!

Si usted está leyendo este testimonio y su matrimonio está tomando el derrotero equivocado, aprópiese del consejo que le di a María. Realice un inventario personal de su corazón y los pensamientos que entran y salen de su mente. Ore sobre usted y su matrimonio de la misma manera en que se lo aconsejé a María.

TENGA CUIDADO CON EL ESPÍRITU DE LA LUJURIA

El espíritu de la lujuria ha invadido todos los espacios como una corriente desenfrenada. Es difícil no tener que enfrentar este espíritu diariamente en la radio, las noticias, la industria del entretenimiento, el cine, la moda o en las páginas pornográficas en la internet, donde está disponible para todos, incluso niños y ancianos.

Todos tenemos que decidir, estemos casados o solteros. Dios nos creó para ser adoradores. Todos adoramos, ya sea al único Dios vivo verdadero o a otros dioses. Cuando adoramos a Dios todos los días con nuestras oraciones, cantos y declaraciones de fe, abrimos el corazón para recibir paz, sanidad y dirección divina.

Para evitar que el espíritu de lujuria invada nuestro ser, debemos reparar las paredes estropeadas y establecer un sistema de seguridad. Debemos negarnos a aceptar que el veneno entre en nuestra mente. No es suficiente con leer buenos libros, pedir oración y estudiar un devocional diario. Debemos comprometernos de manera genuina a cerrar cada puerta del corazón y cada ventana de los ojos a aquello que traiga la tentación lujuriosa, bien sea como persona o cosa, real o imaginaria.

La tentación se irá introduciendo sigilosamente en la persona que albergue el pecado en su corazón. Pero cuando el alma se entrega a Cristo y la mente se renueva por la Palabra, el espíritu de la tentación no es un problema. Si necesita ayuda en este sentido, no espere. Actúe de inmediato.

Le recomiendo que dé los siguientes tres pasos:

1. Arrepiéntase.

2. Entréguese a Dios.

3. Perdone.

También recomiendo que lea mis libros, los cuales están llenos de experiencias, buenos consejos, ideas y recomendaciones probadas en la práctica que reforzarán su hombre interior y le ayudarán en su vida personal.

Escriba su oración

Lo más importante es que no se rinda. Criar hijos en soltería es el trabajo más difícil de la tierra, pero a pesar de ello, recibo cartas y correos electrónicos todos los días que testifican de la intervención de Dios en las vidas de muchas familias cuando los principios de este capítulo se ponen en práctica en la fe. Tenga la seguridad de que Dios también lo hará por usted.

¿Por qué incluí este capítulo en este libro de oraciones poderosas que usted puede hacer por sus hijos? Porque la mayoría de las veces, en los casos de divorcio u otro tipo de relación maltrecha, los niños son los que más sufren.

Debemos ser fuertes y aprender a depender de Dios para que Él proteja nuestras relaciones y nuestros hijos. Satanás no le teme a usted, pero usted debe tener claro que el poder de Dios es muy superior al del enemigo. ¡Usted puede ganar esta batalla!

Use este espacio para hacer un inventario del estado actual de su relación y de cómo esto podría estar afectando a su hijo. Escriba cualquier oración o versículo de las Escrituras que el Señor coloque en su mente mientras ora.

_____

_____

_____

_____

_____

_____

_____

_____

_____

_____

_____

_____

_____

_____

Capítulo 10

ESTABLEZCA UN SISTEMA DE SEGURIDAD ESPIRITUAL EN SU HOGAR

"No devolviendo mal por mal, ni maldición por maldición, sino por el contrario, bendiciendo, sabiendo que fuisteis llamados para que heredaseis bendición".
—1 PEDRO 3:9

SIN DUDA, ES muy importante contar con un sistema de seguridad espiritual en nuestros hogares. Este capítulo trata sobre la importancia de establecer un sistema de seguridad espiritual para sus hijos, pero también le recomiendo leer mi libro *Satanás, ¡mi matrimonio no es tuyo!*, donde incluyo un capítulo sobre la importancia de establecer un sistema de seguridad espiritual para su matrimonio. Cuando un ladrón ingresa a una casa que carece de un sistema de seguridad o vigilancia, puede robar, matar y destruir. Y sabemos que esto es lo que nuestro enemigo espiritual, el diablo, también está tratando de hacer (Jn. 10:10).

Cuando Jesucristo, la Roca sólida, es nuestro fundamento, es indispensable establecer un campo protector en el ámbito espiritual (un límite) sobrenatural de protección angelical, un sistema de seguridad espiritual. Cuando la Palabra de Dios está en nuestro corazón, nuestra mente y nuestros labios, comenzamos a construir sobre este firme fundamento ese un campo protector sobrenatural que nos librará del peligro que nos rodea y de los planes maléficos del enemigo.

Cuando usted valora y bendice a los demás, le abre las puertas a las bendiciones y la protección divina. La bendición es una herencia de Dios que usted transmite a sus hijos, y que pone en práctica cuando declara palabras de afirmación sobre ellos. Es esencial proteger el corazón de sus hijos bendiciendo a su cónyuge y a ellos mismos

¿QUÉ SIGNIFICA BENDICIÓN?

El diccionario define *bendición* como "el acto o las palabras de alguien que bendice; un favor especial, indulgencia o beneficio: *la bendición de la libertad*; un obsequio o don otorgado por Dios, que por tanto produce felicidad; invocar el favor de Dios sobre una persona".[1] Los antónimos vendrían a ser maldición y carencia. Como puede ver, la bendición de Dios trae protección y prosperidad. Nuestras bendiciones también producen ese respaldo divino y rompen maldiciones. ¡Sigamos bendiciendo a nuestro cónyuge y a nuestros hijos!

Como mencioné en el capítulo 8, cuando un padre peca, los niños sufren las consecuencias y muchas veces corren el riesgo de repetir la misma ofensa. Así es como muchos se acostumbran a vivir en rebelión contra Dios. Las malas actitudes y los malos ejemplos dejan al niño expuesto, como un blanco fácil para los espíritus malignos. Éxodo 20:5 dice: "Yo soy Jehová tu Dios, fuerte, celoso, que visito la maldad de los padres sobre los hijos".

¡Pero hay buenas noticias! Cuando un padre o una madre que teme a Dios y cree que el Señor es su Roca, su Fortaleza y su Libertador decide permanecer en la brecha orando poderosamente por sus hijos y su familia, ¡ningún demonio puede detener la bendición y la protección de Dios sobre él o ella, o sobre sus hijos y los hijos de sus hijos! Esta es una tremenda responsabilidad que exige nuestro compromiso y nuestra vigilancia. "La misericordia de Jehová es desde la eternidad y hasta la eternidad sobre los que le temen, y su justicia sobre los hijos de los hijos" (Sal. 103:17).

Los problemas que enfrentamos nos ayudarán a crecer o nos dominarán, dependiendo de cómo respondamos y actuemos. Dios siempre está operando en nuestras vidas, incluso cuando no nos damos cuenta o no lo entendemos. Vivimos un tiempo en el que debemos abrir nuestra boca con oraciones y declaraciones poderosas fundamentadas en la Palabra de Dios.

La importancia de la influencia y la bendición del padre

Si usted que lee estas líneas es un padre, estoy segura de que no quiere que sus hijos se conviertan en niños mimados de mamá. Enseñarles a convertirse en verdaderos hombres de Dios comienza con su influencia en el hogar. Sus hijos necesitan apoyo anímico, abrazos, besos y palabras positivas, no solo de su madre sino también de su padre. En muchos casos, los hijos que no reciben este apoyo anímico de su padre tienden a ser rebeldes y desobedientes y nunca aprenden a amar correctamente o a darle ese mismo apoyo anímico y amor a su esposa.

Papá, el ejemplo bueno o malo que dé a sus hijos les enseñará cómo tratar a su madre, a sus hermanas y a sus futuras novias o esposas. Los niños siempre imitan a sus padres. Ellos no hacen lo que les decimos, pero hacen lo que nos ven hacer. ¡Qué enorme responsabilidad tiene cada padre! A continuación, le daré un ejemplo de oración que le ayudará a mejorar en este aspecto y convertirse en el esposo ejemplar y padre consagrado que sus hijos necesitan ver.

Querido Padre, necesito tu sabiduría y comprensión para criar a mis hijos en el temor de Dios y llenos de alegría y amor por su familia. Líbrame de la pasividad y el desinterés. Ayúdame a reconocer las artimañas del enemigo contra mi familia. Abre mis ojos espirituales para identificar cuando el peligro entra en nuestra casa. Protege a mis hijos de ceder a la tentación y las influencias de amigos mundanos. Gracias, Padre, por tu protección divina sobre mi familia. Ayúdame a ser un padre lleno de tu amor y compasión, siempre dispuesto a obedecer tu Palabra. En el nombre de Jesús, amén.

La importancia de la atención y bendición de la madre

En los hogares judíos, la madre es la que prepara la comida los sábados (el día de reposo; ver Éx. 20). Ella es la que enciende las velas y pronuncia la oración. Es la que invita el descanso a su casa.

Si usted que lee estas líneas es una madre, la animo a que sea la persona que invita la paz del Espíritu Santo a su hogar y la que imparta la bendición de Dios a toda la familia.

Estamos en una guerra espiritual permanente por nuestros hogares. Hay una gravísima crisis en la mayoría de los hogares de hoy. Los valores morales han cambiado y continúan cambiando drásticamente. Aquello que ayer no se permitía es hoy aceptado.

Necesitamos hombres y mujeres llenos del Espíritu Santo que se coloquen en la brecha, al frente de la batalla por las almas de su cónyuge y de sus hijos.

Necesitamos evaluar el estado de nuestra vida espiritual para poder abrir la boca con confianza, resistir poderosamente al enemigo y declarar bendiciones y palabras de sabiduría. Esto cambiará drásticamente la atmósfera de su hogar.

Busque un lugar tranquilo para liberar sus preocupaciones

Cuando entre en la presencia de Dios, podrá liberar sus preocupaciones y recibir sanación y restauración para su espíritu, alma y cuerpo. No solo eso, también encontrará consejo, comunión, la dirección del Espíritu Santo, comprensión, sabiduría, provisión, perdón y poder sobre todas las obras del enemigo. Sus oraciones y declaraciones comenzarán a ser muy importantes. En la presencia de Dios liberará a sus hijos y a sus seres queridos, así como todas sus cargas. A esto se le conoce como *fe en acción*.

El poder de la muerte y la vida están en la lengua. Job 22:28 dice: "Decidirás una cosa, y se te cumplirá, y en tus caminos resplandecerá la luz" (LBLA).

Cuando surjan problemas, en lugar de mencionar el problema, declare por fe que "todo está bien". Vaya a su lugar secreto de oración y busque a Dios. Puede liberar la Palabra de Dios que mantiene guardada en su corazón.

> *"Por nada estéis afanosos, sino sean conocidas vuestras peticiones delante de Dios en toda oración y ruego, con acción de gracias. Y la paz de Dios, que sobrepasa todo entendimiento, guardará vuestros corazones y vuestros pensamientos en Cristo Jesús".*
> —FILIPENSES 4:6–7

Mi consejo para madres e hijas:

EL PODER DE LAS PALABRAS

Nuestras palabras pueden causar sanidad o infortunio. Durante la II Guerra Mundial, Mussolini mantuvo a Italia inmovilizada con el poder de sus palabras. Hitler también conquistó Austria con el poder de sus palabras. De hecho, no necesitó usar bombas ni a la infantería, sino solo palabras.

Aprenda a usar palabras de manera específica y con un propósito. Llene sus palabras con el poder de Dios y su Palabra, y tendrán un efecto significativo. Todas nuestras palabras deben estar llenas de bondad, amor y gracia, ya que las buenas palabras son "como naranjas de oro con incrustaciones de plata" (Pr. 25:11, NVI).

Padres, el ambiente del hogar es el producto de las palabras que ustedes pronuncian. Muchos hijos fracasan debido a los efectos de palabras negativas y destructivas de sus padres. Muchos matrimonios terminan en divorcio debido al efecto perjudicial de palabras que parten el corazón.

Las palabras pueden producir milagros y también fracasos. Lo que usted diga establecerá el nivel en el que vive su vida. Usted no puede vivir por encima de sus propias palabras. Si declara derrota, ansiedad, enfermedad o incredulidad, eso es lo que recibirá. "El que guarda su boca y su lengua, su alma guarda de angustias" (Pr. 21:23).

Toda confesión negativa producirá resultados negativos. "Te has enlazado con las palabras de tu boca, y has quedado preso en los dichos de tus labios" (Pr. 6:2). Las palabras pueden producir dolor o vigorizar.

Las vidas de los hijos están sujetas a las palabras de sus padres y seres queridos. A través de sus palabras, una madre o un padre puede llenar el corazón de sus hijos para que obtengan grandes logros y amen a Dios, o puede destruir el propósito de Dios en sus vidas. Una esposa puede introducir bendiciones o maldiciones en la vida de su esposo simplemente pronunciando palabras de sabiduría o de derrota.

Las palabras destructivas llenan la mente de confusión. Jamás repita chismes malintencionados. Que sus labios solo hablen palabras de bondad. Es hora de derrotar las estrategias del enemigo en su vida. He aquí una oración poderosa que le iniciará en el camino de declarar bendición y no maldecir a su familia.

Abba Padre, tu Palabra es verdad. En el nombre de Jesús, me coloco en la brecha, creyendo en la intervención divina por mi familia y mis hijos. Ayúdame a ser obediente y permitir que el Espíritu Santo me enseñe todos los días a establecer un sistema de seguridad espiritual para mi familia.

Tu Palabra declara que contenderás con aquellos que contienden con tus hijos. Tu Palabra dice que somos bendecidos cuando entramos y cuando salimos. Tu Palabra afirma que tus ángeles nos protegen, nos cuidan y nos ayudan. Gracias por estas promesas.

Declaro que mis hijos son tus discípulos y son obedientes a tu voluntad, independientemente de lo que yo vea, oiga y sepa. Me mantengo firme a través de la fe. Tu Palabra declara que, aunque se vuelvan viejos, no se apartarán de ti. Creo esta promesa con todo mi corazón.

Padre, provoca en sus vidas un sano temor y reverencia a ti. Ayúdalos, no solo a cumplir tus requisitos y mandamientos, sino también a sentir pasión por las cosas de Dios. Mantente en sus vidas todos los días y ayúdalos a ponerte primero en todo y a desarrollar una relación íntima con el Espíritu Santo. Manifiéstate ante ellos en visiones y sueños, de manera que la revelación del Reino de Dios siempre esté presente en sus mentes.

Creo que mis hijos conocerán y mantendrán la verdad en sus corazones y no solo en su mente. Creo que siempre cimentarán su vida en la verdad, y nunca en las mentiras de Satanás. Creo que aprenderán todos los días a renovar sus mentes con la Palabra de Dios y a renovar sus pensamientos con todo lo que es puro, noble, verdadero, admirable, excelente y digno de alabanza (Jn. 8:32; Ro. 12:2; Flp. 4:8).

Pido que el gozo del Señor sea siempre su fortaleza. Llénalos con tu gozo para que nunca se sientan tentados a buscar los placeres temporales del mundo. Ayúdalos a discernir las tácticas del enemigo, a no prestar atención a sus mentiras, y a no dejarse esclavizar por sus estrategias (2 Co. 2:11; Stg. 4:7). Ayúdalos a valorar tu amor y afecto más que a cualquier otra cosa en el mundo.

Padre, entrego mis hijos a tu cuidado, y confío en que siempre serán bendecidos por tu fidelidad y tu gran amor hacia ellos. Te pido que el amor y la verdad nunca se aparten de mis hijos y que estos atributos permanezcan grabados en sus corazones, para que puedan obtener tu estima y tu favor, así como la estima y el favor de los demás. En el nombre de Jesús, amén.

¡No se rinda! Expulse todo temor de su corazón. Active la protección que Jesucristo compró para usted con su sangre derramada en la cruz, y ármese con la armadura de Jesucristo y la Palabra de Dios. No se rinda porque no vea cambios rápidamente. Tenga paciencia y espere, aunque esto toma días, semanas, meses o años. Lo más importante es que al final sus hijos heredarán la vida eterna y la salvación.

Ahora, regocíjese en agradecimiento. Reprenda al enemigo y sus malos espíritus, y estos huirán de usted. Aplique la sangre de Jesús sobre su cuerpo, su familia y su hogar. Dios está listo para bendecirlos. Determine con todo su corazón establecer un sistema de seguridad espiritual en su hogar.

¡NO DEJE QUE EL ENEMIGO ENTRE A SU HOGAR!

Usted puede derrotar al diablo a través de la sangre de Jesús y sus palabras. Declare la Palabra en la fe sobre su familia, y no permita la entrada al enemigo en las vidas de sus hijos y su matrimonio. Dios nos creó para vencer y poseer sus bendiciones. ¡El poder de Dios en sus hijos es mucho más fuerte que el poder del enemigo!

Dios no le creó para ser una persona común, sino una persona extraordinaria. Le diseñó intencionalmente para lo milagroso y lo sobrenatural, así que usted debe aceptar y creer en el proceso que Dios creó para que reciba estas bendiciones. El siguiente es un ejemplo de oración para cimentar su fe durante este proceso espiritual.

> *Dios Padre, me mantendré firme en tu Palabra inmutable y tus promesas. Me niego a dejarme influir por lo que siento, veo y sé. Mi posición en Cristo es sólida. Ningún demonio del infierno puede cambiar o alterar tus promesas para mi familia y para mí.*
>
> *Me libero de todo problema, obstáculo, maldición, espíritu de duda, carencia y debilidad, y en el poderoso nombre de Jesucristo declaro la sanación y restauración de todo aquello que está roto. Gracias, Abba Padre, por ayudarme a mantenerme valiente y seguro en mi posición en Cristo Jesús.*

El poder de la presencia de Dios le liberará de todas las fortalezas del enemigo. No tema. Hable de manera decidida y declare la victoria en el nombre de Jesús. Jeremías 5:14 dice que Dios hará que sus palabras sean como fuego en su boca que destruye todas las raíces diabólicas. ¡Alabado sea el Señor!

¡El siguiente paso es comenzar a poner la Palabra de Dios en acción!

DIEZ ACCIONES QUE DETENDRÁN AL ENEMIGO E INSTAURARÁN LA BENDICIÓN DE DIOS EN SU HOGAR

1. Desarrolle una amistad personal con el Espíritu Santo.

Háblele como a un amigo. Pídale sinceramente que le ayude. Pídale que le enseñe a orar y a entender la Biblia cada vez que la lea y estudie.

2. Habitúese a orar.

Ore cada mañana y confiese victoria, protección, sanación e intervención divina en cada aspecto de su vida.

3. Reprenda al enemigo.

Aprenda a reprender al enemigo cada vez que sientas estrés o temer, y el enemigo huirá de usted.

4. Declare la sangre de Jesús.

La sangre derramada de Jesús garantiza protección sobre su mente, su cuerpo, su cónyuge y cada miembro de su familia. Esto es extremadamente efectivo. Conviértalo en un hábito.

5. Detenga todas las palabras negativas, pensamientos, quejas y chismes.

Esto es extremadamente importante. Cada vez que usted permite que esta clase de palabras entren en su hogar, el enemigo le atacará, porque le está dando permiso.

6. Habitúese a ir a la iglesia.

Asista habitualmente y lleve a sus hijos a clases adecuadas a sus edades. Anímelos a participar en actividades semanales en su iglesia.

7. Bloquee todos los contenidos violentos y sexuales de películas, juegos, videos y televisión.

Este es un tema que los padres más jóvenes descuidan, y que Satanás usa para cegar las mentes de nuestros hijos.

8. Lea la Biblia.

Haga un devocional diario, aunque sea corto. Si es posible, asista a clases de discipulado, lo cual le ayudará a llevar cautivos todos los pensamientos negativos a la obediencia de Dios.

9. Alimente su mente con libros, música y enseñanzas positivas y transformadoras.

Mantenga un fondo de música cristiana suave cada vez que pueda. Esto le ayudará a expulsar el miedo y a tener un espíritu pacífico y positivo en todo momento.

10. Practique actos de amor con sus familiares y su cónyuge.

No se limite a abrazos, besos, oraciones, sonrisas y cumplidos. Coman juntos en familia y disfruten de las conversaciones. Aprenda a decir: "Te amo", "Qué bien te ves", "Dios te bendiga" y otras frases similares de apoyo anímico.

Al cerrar este capítulo final, repasemos los pasos para establecer un sistema de seguridad espiritual en su hogar.

- Haga oraciones poderosas.
- Desarrolle la vigilancia espiritual.
- Modele la disciplina personal.
- Pronuncie palabras edificantes.
- No diga frases negativas.
- Bendiga todo el tiempo.
- Ate y desate demonios.
- Ame y respete a su cónyuge.
- Preste atención a las necesidades y cambios de actitud.
- Pida ayuda al Espíritu Santo y a los ángeles de Dios.
- Ore en la lengua del Espíritu Santo.
- Oren con los suyos.
- Coman juntos.
- Jueguen juntos.
- Mantenga el orden en todas las cosas.
- Preste atención a lo que piensa.
- Bendiga: "Te bendigo. Bendigo tu entrada y tu salida".

¡Comience hoy mismo!

La tarea y la responsabilidad de establecer un sistema de seguridad no conlleva mucha complicación, pero hacerlo exige atención y cuidado. Usted notará que está progresando cuando lo convierta en un hábito, como preparar una taza de café todas las mañanas y asegurarse de que las puertas estén cerradas antes de irse a dormir en la noche.

Crea y llame a las cosas que no son como si ya estuvieran manifestadas, sin tener ninguna duda en su corazón. La autoridad que Dios le delegó es un arma poderosa que usted debe usar a diario (Mr. 11:23; Lc. 10:19). Su fe le dará seguridad y confianza a su esperanza y sus oraciones basadas en la Palabra (Heb. 11:1).

Usted tiene un mundo de felicidad por delante, aunque es posible que tenga que soportar diversas pruebas durante un tiempo (1 P. 1:6). Tome la valiosa decisión de expulsar todo el miedo de su corazón. ¡En sus manos está la decisión de marcar la diferencia en la vida de sus hijos a partir de hoy, independientemente de su edad o circunstancia!

Apéndice A

LAS PROMESAS DE DIOS PARA TODOS SUS HIJOS

HAGA QUE SU fe se manifieste en alabanza. Repita las siguientes declaraciones de fe basadas en la Palabra de Dios de manera decidida sobre sus hijos y su familia (Sal. 112:1–2).

Confieso la Palabra de Dios sobre mis hijos, y declaro que estarán llenos de fe y de un sincero amor para servir a Dios con todo su corazón. Creo y confieso que mis hijos son herederos del Reino de Dios, y que obedecerán su voluntad (Heb. 10:38; Gl. 3:29; 1 P. 1:2).

Decreto que mis hijos están en las manos de Dios y que ninguna arma forjada contra ellos prosperará. Tengo la seguridad de que el amor y la protección de Dios los protegen y evitan todos los ataques y estrategias del enemigo (Is. 54:17; Flp. 4:7).

Afirmo que mis hijos han sido elegidos e instruidos por el Señor y que su paz será grande (Is. 54:13).

Creo y confieso que los ángeles guerreros de Dios protegerán y defenderán a mis hijos. Dios es su refugio y su fuerza (Sal. 91:11–12; 2 S. 22:3).

Mis hijos aprenderán a ser leales, de excelente carácter, amorosos, pacientes, generosos y amables, y vivirán bajo la autoridad del Espíritu Santo (Dn. 6:3; Stg. 5:8; Jn. 14:26).

Declaro bendición sobre mis hijos. Ato a cada espíritu del enemigo que pretenda invadir sus vidas, y doy gracias por el favor y la sabiduría de Dios en ellos (Mt. 16:19; Hch. 7:9–10).

Creo que el temor de Jehová está en ellos para odiar el mal y que Dios guardará sus almas y los librará de las manos de los impíos (Sal. 97:10).

Evitarás que los corazones de mis hijos se vuelvan rebeldes y orgullosos, y los salvarás de cualquier daño (Is. 50:5; Sal. 106:10).

Mis hijos se apartarán de los caminos de los pecadores, y Dios los protegerá de todos los que traten de engañarlos y desviarlos. Él los protegerá de las relaciones perjudiciales y de amigos impíos (Pr. 1:10–15).

El Espíritu Santo siempre estará activo en los corazones de mis hijos, para ayudarlos a ser responsables en todas las relaciones y a someterse a la autoridad sobre ellos. Colocará en ellos un espíritu superior, como lo hizo en Daniel (Dan. 6:3).

Mis hijos aprenderán a no tener miedo y a resistir a cada espíritu maligno, porque la Palabra de Dios declara: "Resistid al diablo, y huirá de vosotros" (Stg. 4:7).

El Señor colocará un cerco protector alrededor de mis hijos, resguardándolos de todo mal y peligro (Job 1:10).

Mi Dios tiene ángeles guerreros que cuidan y guardan los caminos de mis hijos (Sal. 91:11).

La Palabra de Dios declara en el Salmo 91 que los ángeles sostendrán a mis hijos en sus manos para que no sufran ningún daño.

Decreto que, así como Jesús "crecía y se fortalecía, y se llenaba de sabiduría; y la gracia de Dios era sobre Él", mis hijos también crecerán en sabiduría y serán fuertes en espíritu y llenos de gracia para ser ejemplos para todos los que los conocen (Lc. 2:40).

Mis hijos están protegidos de toda plaga y destrucción y de todas las trampas y engaños del enemigo. Gracias, Padre, por tus ángeles que los protegen y los cuidan (Sal. 91:11–12).

Mis hijos siempre tendrán el deseo en su corazón de guardar y respetar todos los mandamientos de Dios (Pr. 3:1).

La sabiduría divina ayudará a mis hijos a adoptar un estilo de vida en el que la generosidad, las ofrendas, los diezmos y la ayuda a los pobres se conviertan en un hábito, ya que en esto hay una excelente recompensa y galardón. Mis hijos serán dadores alegres, y estarán siempre llenos de tu bendición y abundancia (Pr. 3:9).

Declaro que Dios es su escudo, su refugio y su roca sólida y que su mano derecha siempre guiará, protegerá y dirigirá a mis hijos (Sal. 144:2; 18:35; 73:23).

La misericordia de Dios es eterna y protege a mis hijos cuando ellos le temen (Jud. 1:21).

Creo firmemente que mis hijos serán restaurados y que la Palabra de Dios se cumplirá en sus vidas. Creo que los años perdidos serán restituidos y su alegría será grande. Doy infinitas gracias a Dios por esta promesa (Jl. 2:25).

Declaro que el Todopoderoso salvará a mis hijos de las manos del enemigo (Is. 49:25) y que mis hijos volverán al seno de Dios.

Creo que mis hijos guardarán los mandamientos de Dios y perseverarán en medio de los cambios y la presión de grupo (Ap. 3:10).

¡Satanás quitará sus manos de encima de mis hijos! Aplico la protección que garantiza la sangre de Jesucristo sobre sus vidas, y *declaro que tengo autoridad sobre todo el poder del enemigo para colocarme en la brecha para ellos (1 Jn. 1:7; Lc. 10:19).*

Mis fervientes oraciones por mis hijos producirán resultados duraderos (Stg. 5:16). Agradezco a Dios por esta promesa.

Dios me escuchará y estará atento a mi clamor. "Clamaré al Dios Altísimo, al Dios que me favorece" (Sal. 57:2).

Creo y me mantengo firme en la promesa de Dios de que mis hijos regresarán de la tierra del enemigo (Jer. 31:16).

Declaro que el pacto del Señor y la palabra profética de Isaías 59:21 son también para mis hijos: "Y este será mi pacto con ellos, dijo Jehová: El Espíritu mío que está sobre ti, y mis palabras que puse en tu boca, no faltarán de tu boca, ni de la boca de tus hijos, ni de la boca de los hijos de tus hijos, dijo Jehová, desde ahora y para siempre". ¡Amén!

Apéndice B

ENSEÑE A SUS HIJOS A ORAR

LOS PADRES SUELEN enseñar a sus hijos a realizar muchas tareas, desde cómo vestirse y combinar su ropa hasta cómo administrar el dinero. Creo que la mejor habilidad que podemos enseñarles es cómo seguir la dirección de Dios. Nuestro Padre todopoderoso quiere revelarnos exactamente lo que debemos hacer en cada situación. El Señor dice: "Te haré entender, y te enseñaré el camino en que debes andar; sobre ti fijaré mis ojos" (Sal. 32:8).

LA ORACIÓN MÁS IMPORTANTE

Pida a sus hijos que realicen la siguiente oración, independientemente de su edad. Cuanto más jóvenes sean, mejor. También es bueno que repitan esta oración cuando sean mayores para refrescar en su mente la gran importancia de la salvación.

La Biblia dice que si confesamos con nuestra boca al Señor Jesús y creemos en nuestro corazón que Dios lo resucitó de entre los muertos, seremos salvos. Porque con el corazón se cree para justicia, pero con la boca se confiesa para salvación (Ro. 10:9–10). Para recibir a Jesucristo como Señor y Salvador, repita esta oración o una oración similar con sus propias palabras. Las palabras específicas no son importantes, pero sus hijos deben creer con todo su corazón lo que sus labios confiesan.

Señor Jesús, quiero conocerte personalmente. Gracias por morir en la cruz para pagar el precio por mis pecados. Abro la puerta de mi vida y mi corazón, y te recibo como mi Señor y Salvador. Gracias por perdonar todos mis pecados y por darme la vida eterna. Por favor, toma el control de mi vida y ayúdame a superar y cambiar todo aquello que está mal en mí y que no te agrada. En el nombre de Jesús, amén.

NOTAS

Capítulo 3

1. Merriam-Webster, s.v. "discern", visitada el 10 de enero de 2019, www.merriam-webster.com.

2. Merriam-Webster, s.v. "change", visitada el 10 de enero de 2019, www.merriam-webster.com.

Capítulo 6

1. "Father Absence and Involvement Statistics", National Fatherhood Initiative, visitada el 10 de enero de 2019, www.fatherhood.org.

2. "Common Mental Health Disorders in Young Adults", Foundations Recovery Network, visitada el 10 de enero de 2019, www.dualdiagnosis.org.

3. "Mental Illness in Children", WebMD, visitada el 10 de enero de 2019, https://www.webmd.com.

4. "Mental Illness in Children", WebMD.

Capítulo 10

1. Dictionary.com, s.v. "blessing", visitada el 10 de enero de 2019, www.dictionary.com.

TITULOS DE
IRIS DELGADO

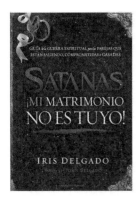

Iris Delgado ha dedicado su vida al ministerio de restauración a la familia. Ella y su esposo, el Dr. John Delgado, ministran extensivamente alrededor del mundo. Iris obtuvo su Doctorado en Consejería Cristiana de Vision International University, California. Además de autora, Iris trabaja junto con su esposo y dos hijas, como (Academic Dean) de Vision International University of Florida, preparando líderes y laicos para el trabajo del Reino de Dios. Los Delgados llevan 40 años de casados y residen en Euless, Texas.

CASA
CREACIÓN
Para vivir la Palabra

Te invitamos a que visites nuestra página web, donde podrás apreciar la pasión por la publicación de libros y Biblias:

www.casacreacion.com

f @CASACREACION

𝕏 @CASACREACION

📷 @CASACREACION

Para vivir la Palabra